今日から
モノ知り
シリーズ

トコトンやさしい

作業改善の本

新版

日本の製造業復権に向け、現場力を回復する必要性が強く求められています。管理手法としてわが国が世界に誇るトヨタ生産方式に学び、金をかけず知恵を徹底的に絞って行う「作業改善」の真髄に迫ります。

トヨタ生産方式を考える会

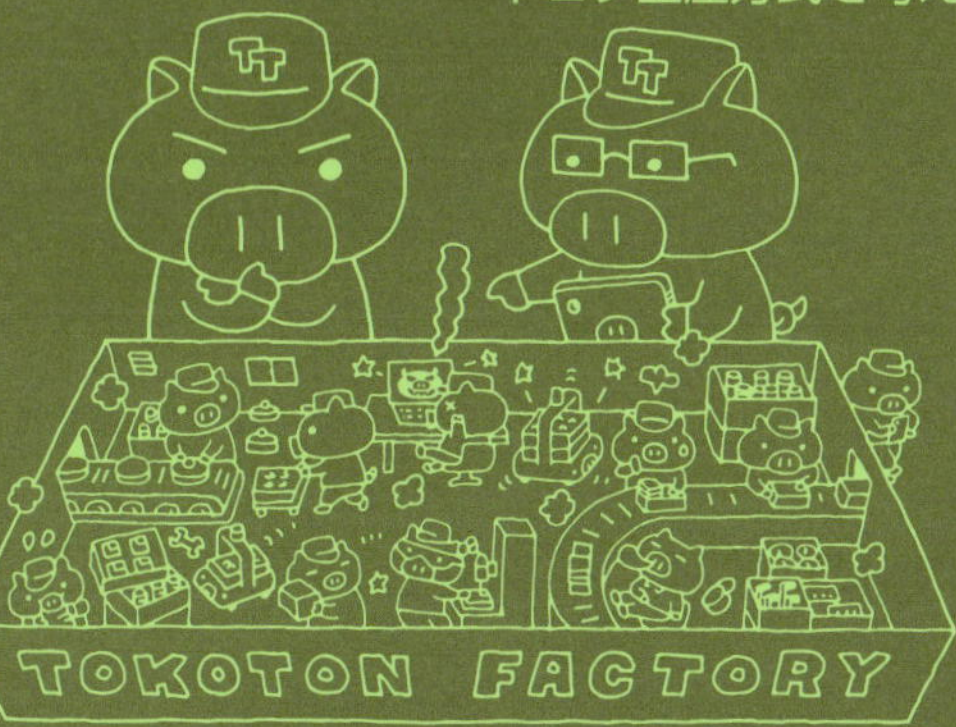

B&Tブックス
日刊工業新聞社

はじめに

「トコトンやさしい作業改善の本」は、初版発行から早や20年を経過しました。おかげさまで大好評となっています。これもひとえに、読者のみなさんの温かいご支援によるものと大変感謝しております。

今回の改訂新版は5人のトヨタおよびトヨタグループメンバー、トヨタ生産方式（TPS）コンサルタントで執筆する運びとなりました。基本的な構成は初版著者である岡田貞夫先生の骨子を引き継ぎ、TPSを実際に体験した5人のメンバーで改訂しております。

近年、特にIT・AI・ロボットなどの急速な進展により、企業の改善は多様な進化を遂げています。企業の使命はゴーイングコンサーン（継続企業）を前提としており、厳しい競争環境の中で従業員の継続雇用が必須となります。この厳しい企業環境の中で勝ち残るためには、ぜひとも「改善につぐ改善」によるレベルアップが必要です。

ところが、わが国の現状を見渡しますと、かつて1970〜80年代は競争力で世界をリードしてきましたが、1990年代初めのバブル崩壊後、急速に産業面での世界競争力を失ってきています。

こうした世界競争力低下の原因はいったい何でしょうか。確かに為替レートの乱高下に伴い主要製造業の海外移転などがあり、国内モノづくりの弱体化もありますが、この本の主題とする「作業改善」の力が急速に弱体化していることは否めません。

わが国には、主要産業である自動車業界で、世界一の競争力を持つ管理方式としてTPS（トヨタ生産方式）があります。このTPSを学び効果的に活用することで、多くの国内産業が競争力を回復できるのではないでしょうか。そこでこの本では、作業改善をＴＰＳに学び、他の産業分野の方たちにもわかりやすく学べるよう工夫しました。

トヨタの競争力の源泉は、ご存知の通り「改善につぐ改善」です。現在でもトヨタで毎年２６００億円程度の原価低減を続けており、その積み重ねが世界一の競争力となっています。ぜひ読者のみなさんも、この本から「改善の基本的考え方」「改善のできる人づくり」を学び、自社をグローバル競争力のある企業にしていただきたいと思います。

本文中で具体的な考え方・人づくりについて述べますが、ＴＰＳの基本を確立した大野耐一氏は、カイゼンができる人づくりとして次のようなことを教えてくれています。

その基本は「知恵と改善」であり、働く人たちの「人間性尊重」をいかに実現するかです。「知恵と改善」は、現地現物でモノを見て、金を使わず知恵を使ったカイゼンで成果を上げることです。

〝知恵のある人づくり〟の中で、大野耐一氏は一貫して現場長の人づくりを重視し、カイゼンのできる人づくりを進めてきました。大野氏の人づくりの一端を紹介すると、まず基本的な考え方の中には、①動きと働きの違いを理解させ、②限量（減量ではない）経営の考え方と、③余裕を見ない標準時間が挙げられます。

この基本的な考え方を中心に、現場長にムダ排除を徹底させていきました。たとえば、次のようなものがあります。

〝知恵は、困らなければ出てこない。死ぬほど困れば、知恵は出てくる〟。どのようにして現場長を困らせるかという例では、現場巡回で問題のある職場に大野氏が行くと、「現場長を呼んでこい」と指示し、来た現場長に何が悪いとかはひと言も言わず、自ら気づくまでその場で立たせていたのです。

次に、現場を毎回足早に歩いている気にかかる現場長がいると、構内放送で呼び出します。慌てて飛んできた現場長に、「オマエは現場（の人）に頼りにされていないのか？」と言い、

本書の構成を俯瞰したマンダラート図

1. トヨタ生産方式がめざすもの	2. ジャスト・イン・タイム	3. 自働化	9. 原価低減こそ至上命題(売価と原価)	10. 原価の構成	11. 原材料費の低減	17. 改善がもたらす効果	18. ムダの認識	19. 生産性を計るものさしと全体最適
8. 人づくり(教育)	第1章 トヨタ生産方式をベンチマークに	4. 平準化	16. VEなど製品設計の変更による原価低減	第2章 原価低減	12. 社内加工・組立費の低減	24. 源流対策	第3章 改善の見方・考え方	20. 「7つのムダ」の排除
7. かんばん	6. 不良ゼロの製品づくり	5. 売れる分だけつくる	15. 社外加工・資材購買費の低減	14. 加工・組立における諸経費の低減	13. 労務費の低減	23. PDCAサイクル	22. 改善の考え方「ECRS」	21. 現地現物
58. 問題解決の道筋	59. QC七つ道具の活用	60. なぜなぜのコツ	第1章 トヨタ生産方式をベンチマークに	第2章 原価低減	第3章 改善の見方・考え方	25. 改善とは何か?	26. 改善には優先順がある	27. IEとは
65. アイデア発想	第8章 品質管理・その他の改善	61. 小集団活動の活性化	第8章 品質管理・その他の改善	トコトンやさしい作業改善の本	第4章 作業改善の進め方	32. 改善の重点発見と優先的改善の方法	第4章 作業改善の進め方	28. 作業改善の手順
64. ポカヨケによるヒューマンエラー対策	63. 検査に頼らない品質管理	62. 品質は工程でつくり込む	第7章 目で見る管理	第6章 標準作業と改善	第5章 改善提案増と改善事例	31. 現状分析③時間研究	30. 現状分析②動作研究	29. 現状分析①工程・稼働分析
50. 目で見る管理とは	51. 目で見る管理の目的と用途	52. 5Sの推進	41. 標準作業とは	42. 標準作業の3要素	43. 工程別能力表	33. 改善提案の活発化	34. 改善案の作成	35. チェックリストの活用
57. 目で見る品質管理	第7章. 目で見る管理	53. モノ(材料・製品・治工具)の置き方	48 標準作業と安全作業の徹底 49 標準作業と多能工化	第6章 標準作業と改善	44. 標準作業組み合わせ票	40. 【改善事例3】農業での生産性向上	第5章 改善提案増と改善事例	36. 改善案を効果的にたくさん出す(気づきの訓練)
56. 作業管理推進のための目で見る管理	55. アンドン	54. 生産管理板	47. 標準作業をもとにさらなる改善	46. 標準作業と作業標準	45. 標準作業票	39. 【改善事例2】サービス業での生産性向上	38. 【改善事例1】製造リードタイム短縮	37 改善効果の確認

「オマエが現場に頼りにされているならば、オレが呼び出しても現場（の人）がオマエの袖を引っ張り、すぐには来られないだろう。すぐ来られるのは、現場に頼りにされていないということだ。現場を歩くときは周囲に声かけし、100mを何時間もかけて歩け」と言っています。

また、カイゼンには「作業改善」と「設備改善」があると言い、まず金のかからない作業改善を徹底的に行った後、設備改善を行わせます。それでも担当者が効果絶大と設備改善を強調すると、「オマエがそれほど言うなら見積書を持ってこい」と返します。見積書を提出された後の口癖は「ゼロを一つ取れ」（1000万円であれば100万円にせよ）で、このように言って現場長を追い詰め困らせ、自ら考えさせることを重視したのです。

もう一つの「人間性尊重」では、働く人たちが良いチームワークの中で、お互いを尊重し尊敬しつつモチベーションの高い職場をつくることです。

本書は、大項目として8章構成としています。全体を俯瞰してポイントをつかんでいただくために、前ページに掲載した「マンダラート（曼荼羅図）」と呼んでいる図に詳細構成を示しました。縦横のマス目の構成が、仏教の世界観を絵にした曼荼羅に似ていることから名づけたものです。本書は、製造業のみならずサービス業に従事する人たちにも活用いただけるよう、事例も含めてまとめました。工場経営者、管理・監督者およびサービス業の方が、「作業改善」に積極的に役立てていただくことを切に願っています。

2025年3月

編著者代表　藤井　春雄

トコトンやさしい作業改善の本 新版

目次

目次

CONTENTS

第1章 トヨタ生産方式をベンチマークに

第2章 原価低減

第3章 改善の見方・考え方

第4章 作業改善の進め方

第7章
目で見る管理

第8章
品質管理・その他の改善

【コラム】

第1章

トヨタ生産方式をベンチマークに

この本の表題にも掲げた作業改善の「改善」という言葉は、トヨタ生産方式の改善の取り組みが世界への普及・伝播して行くとともに、「KAIZEN」という世界共通語になりました。本書における作業改善の考え方・取り組み方は、トヨタ生産方式をベンチマーク（基本となるよりどころ）としたいと考えます。

1 トヨタ生産方式がめざすもの

基本は売れが決まってからつくるカスタマーイン生産

製造業に限らず企業においては、利益を出し続けて企業として生き延びていくことが必要です。トヨタ生産方式では、利益を上げるためには、支出に当たる原価を常に低減し続けることが大事という考えで、ムリ・ムラとともにムダ取りによる原価低減と納期・品質を確保する活動を行います。

ムダとは利益を生まないムダ使いのことを言い、ある場合には運搬であり、在庫であり、また作業そのものの中にも存在します。これらが絡み合ってムダがムダを生み、やがては企業経営をも圧迫するようになります。そこで、モノのつくり方の中のいろいろなムダを徹底的に排除し、原価低減を図ることがトヨタ生産方式（Toyota Production System：TPSとも呼ぶ）の基本的考え方です。

自動車で考えてみます。現在、自動車とその経営環境をめぐる変化は、EVや自動運転などで百年に一度という大変革の中にあります。加えてユーザーの好みは多様化し、製品の種類は激増しています。したがって販売数は変動的で、多い種類の製品を見込みで生産することは、売れ行きと直結していないだけにかなり危険と言えます。在庫ばかりが増える車種や、逆に品不足となる車種が発生するでしょう。

受注してから生産するとムダがない一方で、顧客からは納期短縮の要望が強まります。そこで、受注即生産および製造期間の短縮改善などの生産体制づくりが求められます。すなわち、市場第一主義（カスタマーイン）という考え方です。このような強い企業体質をつくるとともに、モノづくりの中でのあらゆるムダ・ムリ・ムラを徹底的に排除していきます。それを実現するための大黒柱となっているのが、「ジャスト・イン・タイム」と「自働化」です。

自動車市場は日本製が一番強いと言われます。市場に機敏に対応する考え方が、強い企業体質づくりの根源でもあるのです。

要点BOX

- ●つくり方の合理性を高める
- ●ムダの徹底的排除による原価低減
- ●受注してから生産する

トヨタ生産方式がめざすもの

- 良い車を
- より安く
- タイミング良く顧客に提供するため

･･･＞ あらゆるムダを徹底的に排除することをめざす

具体的には、

1　ジャスト･イン･タイム（生産と物流の流れ化）
2　自働化（ムダと異常の顕在化）
この2つを柱とした生産の管理･改善の方式である

理念には次のものがある

1　売れてからつくる「カスタマーイン」と見込み生産の両立
- 基本は顧客からの注文生産である
- 例外は、売れ筋の見込みでつくらないと間に合わないものに限られる

2　モノづくりは消費立地
- 日本のモノづくりに貢献する

2 ジャスト・イン・タイム

後工程が必要なモノを、前工程に必要な時に、必要な量だけ取りに行く

ジャスト・イン・タイムとは工程作業において、部品を供給する際の考え方を示すものです。作業する際に必要な部品は基本的に1個です。2個以上あったら作業の邪魔になります。前の部品を使って作業をしているとき、次の部品を与えられても困ります。作業が終わったタイミングで、1個だけ与えて欲しいのです。これを「必要なモノを必要な時に必要な量だけ」と言い、ジャスト・イン・タイムと呼びます。

自動車の組立ラインでは、数百点もの部品が工程の流れに応じて、それぞれの工程で組み付けられていきます。一つの部品でも供給が遅れると作業できません。逆に早過ぎれば、各工程で在庫の山ができてしまいます。トヨタ生産方式では、早過ぎや多過ぎを防ぐために、必要とする後工程が前工程へ部品を取りに行くという考え方を実現しました。

ジャスト・イン・タイムでは、売れ行きに対応して「後工程が前工程に対し、必要なモノを必要な時に必要な量だけ取りに行く」仕組みですから、「前工程は、引き取られた分だけつくる」ことになります。この考え方で材料から販売の工程までをつなぐと、売れるモノだけが工程を進み、売れないモノはつくらないシステムが確立し、不必要な在庫が生じることもありません。

材料があるのでつくる、定時内で時間があるからつくるなどをすると、つくり過ぎでムダな在庫が増えます。管理・監督者はこれらを厳しく止めることが必要です。

ジャスト・イン・タイムの要点は次の3つです。

①工程を流れ化する。一個流しとし、ロット生産の場合は小ロット化する
②生産の必要サイクルタイムを販売量から決める
③後工程引き取りの仕組みとして、生産指示情報を後工程から一本化する。そのツールはかんばん

要点BOX
- ●売れ行きに結びついたモノだけをつくる
- ●品質・コスト・納期を維持・改善して商品を提供
- ●ジャスト・イン・タイムの要点は3つ

ジャストインタイムの基本原則と具現化の方法

ジャスト・イン・タイム

（基本原則）	（具現化の道具や方策）
1 工程の流れ	【モノ】1個ずつ流す
	【人】 多能工化
	【設備】工程順レイアウト
2 必要数でタクトを決定	何をどれだけ、どのような速さでつくればよいか
	標準作業の決定と遵守（タクトタイム・作業順序・標準手持ち）
3 後工程引き取り	生産指示情報の一本化（かんばん）
4 小ロット生産	段取り替え時間の短縮

上記**1**～**4**の<目的>は？

1 変化への対応
2 つくり過ぎをなくす
3 製造リードタイムの短縮

→ **原価低減（生産性向上）**

後工程が前工程へ取りに行く

3 自働化

人の作業を機械に置き換えるとともに、異常を顕在化して不良品発生を防止する

人の作業を機械に置き換える目的で開発されたのが自動機です。この自動機の欠点は、異常が発生しても止まることなく、ドリルやカッターが破損しても機械は回り続け、不良品をつくり続けます。そのために、人が機械のそばについていて異常を発見し、止めなければなりません。しかし、人がついていたのでは、自動化した価値はありません。

そこで、機械に異常が発生したら、運転をすぐ止めて、異常の不良品生産を防止しようという考え方をします。ニンベンのついた「自働化」です。

必要な穴があいていなければ止まる加工機、必要トルクまで締まっていなければ止まる締め付け機、金型に材料が正しく入っていなければ止まる装置など、その機械設備や製品の特性に合わせて、人手を借りずに自ら検知して止まる「自働機」を開発して導入します。「止まる設備」「止まるライン」です。

自働機における人の作業は、材料の取り外し・取り付け、工具の交換、設備の起動などがありますが、機械が自動運転に入った後は人の監視は不要になり、機械のそばを離れてまったく別の作業に集中することが可能です。このことを「機械と人の作業の分離」と呼んでいます。「ただ機械を見ているだけ」という人の作業のムダを省き、効率化と生産性向上ができます。

この自働化の考え方を、人の作業が主体である組立ラインでも応用します。組立ラインの作業者は、自分の行っている作業で「これはいけない」「これは不良だ」と思ったら、作業者は手元のストップスイッチでコンベアを止めることにします。

ジャスト・イン・タイムは不良品が混じっては成り立ちませんので、自働化はこのように不良品をつくらず、良品のみをつくる品質保証の仕組みになります。良いものしかつくらない、という自工程完結の考え方にもつながっています。

要点BOX
- ●異常が発生したら機械が自ら止まる
- ●自働化は内在する問題を解決に結びつける
- ●組立ラインでも異常発生で止める

ニンベンのついた「自動化」設備の特徴

自ら検知して止まる設備・機械

組立ラインを止める

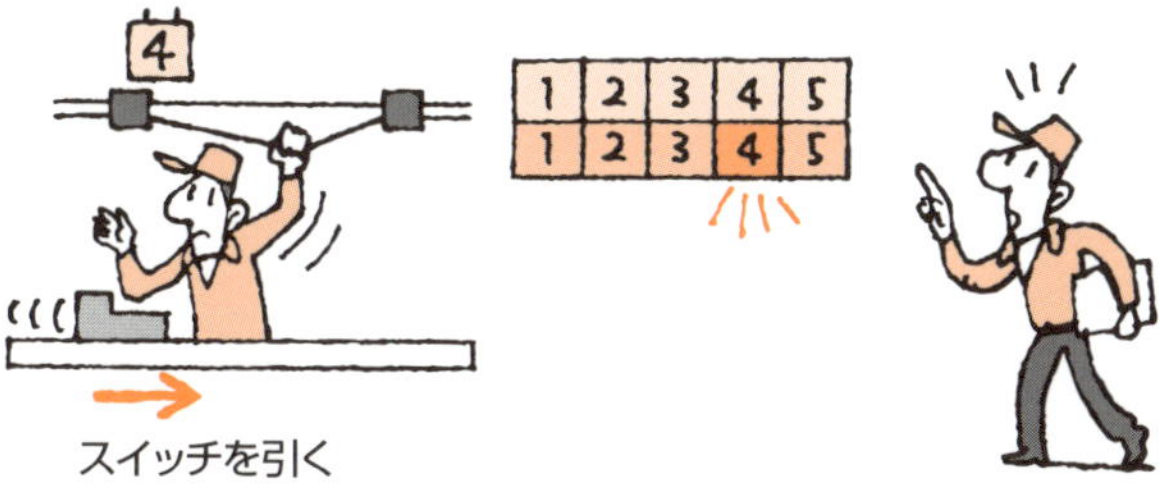

止める、呼ぶ、待つ
（トヨタ現場の決めごと）

手待ち時間の有効利用

1台持ち（A）

3台持ち（A、B、C）

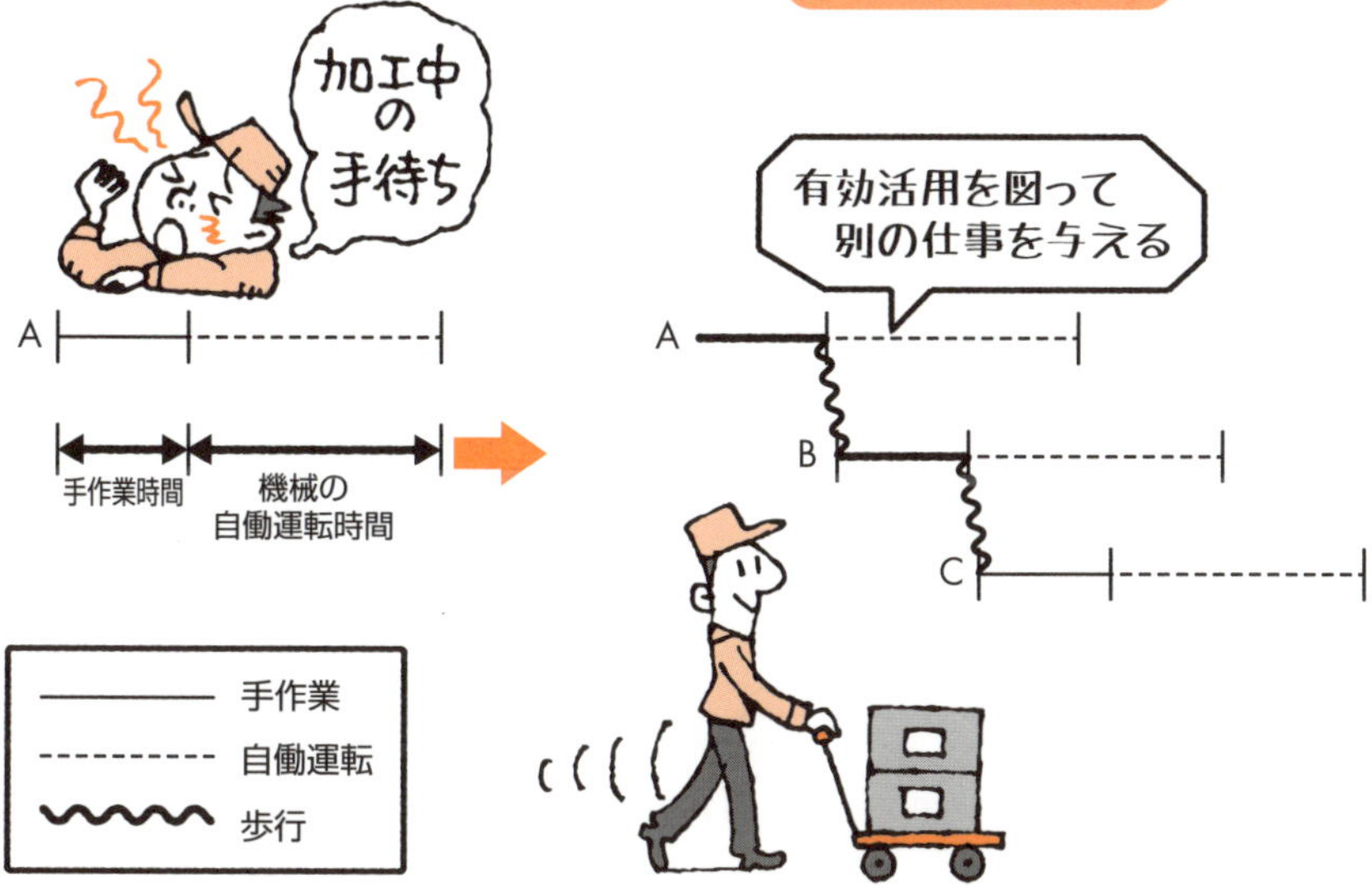

4 平準化

ジャスト・イン・タイム生産のための重要な前提条件

トヨタ生産方式では、円滑な生産の支障となる「ムダ・ムリ・ムラ」を排除しようと努めます。ここでの主題は「ムラの防止」で、つまり「平準化」です。

普通の生産対応で、今日は500個、明日は300個、明後日は700個というように量がばらついていると、設備の生産能力や作業人数は決まっているため変更対応は難しくなります。このような生産に対応するためには、バラツキ量の最大に合わせた設備と人数が必要です。これが工場全体の工程に及ぶと、大規模なムラやムダを生む要因となります。

また、生産量がばらつくとタクトタイム（受注量を定時内でつくるようにした1個当たりの生産に必要なサイクルタイム）も変動し、ジャスト・イン・タイムの部品の流れも変動して在庫対応が混乱します。すなわちトヨタ生産方式の基本が崩れ、ムダがムダを呼び、原価を高く押し上げてしまうのです。

そこで生産計画の平準化、つまり日々の生産量の平均化が大前提ということになります。平準化とは、生産量だけでなく種類や時間、工数も総合的に平準化されることを言います。

平準化の取り組みの基本は、ピークの生産を崩して、谷の生産時に対応するように工夫することです。平準化ができなくて、設備能力内で対応するやり方がロット生産（まとめ生産）です。この場合の問題点を以下に示します。

①A製品ばかりつくるとその関係部品が集中して必要となり、他の製品関連は在庫のままになる

②種類が異なれば、設備対応を変更する段取り替えが必要となり、生産できない時間が増える

③段取り替えは設備停止時間となるので、回数を減らせばロットサイズ（ロットの生産量）が増えて在庫が増え、非効率になって原価を押し上げる

ロット生産での平準化対応は、段取り時間の短縮改善でロットサイズを極少化することです。

要点BOX
- 全工程はタクトタイムでつくる
- 月々や日々によって変動する生産品目数や生産量を、できる限り平均化してつくる

生産量のバラツキの平準化対応

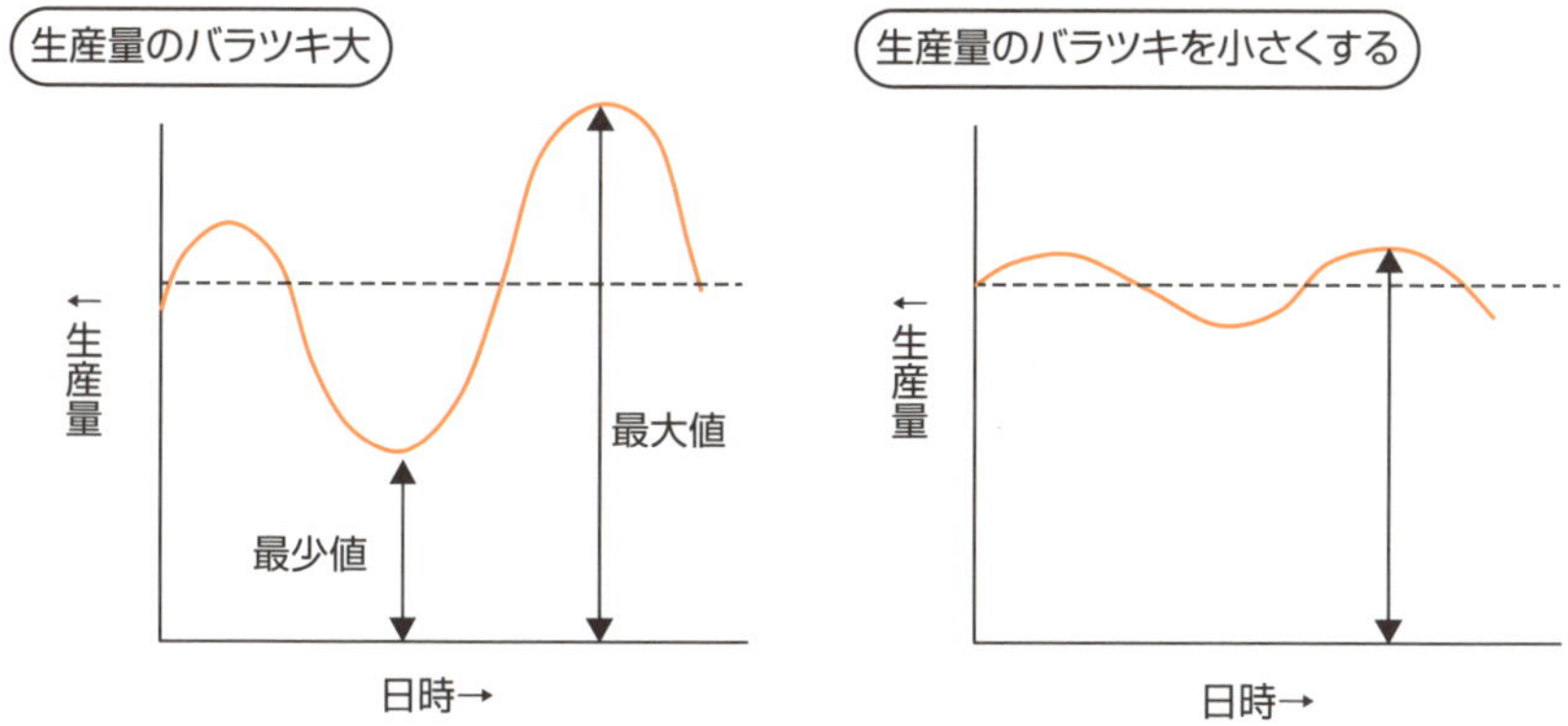

ラインの流れでのまとめ生産と平準化生産

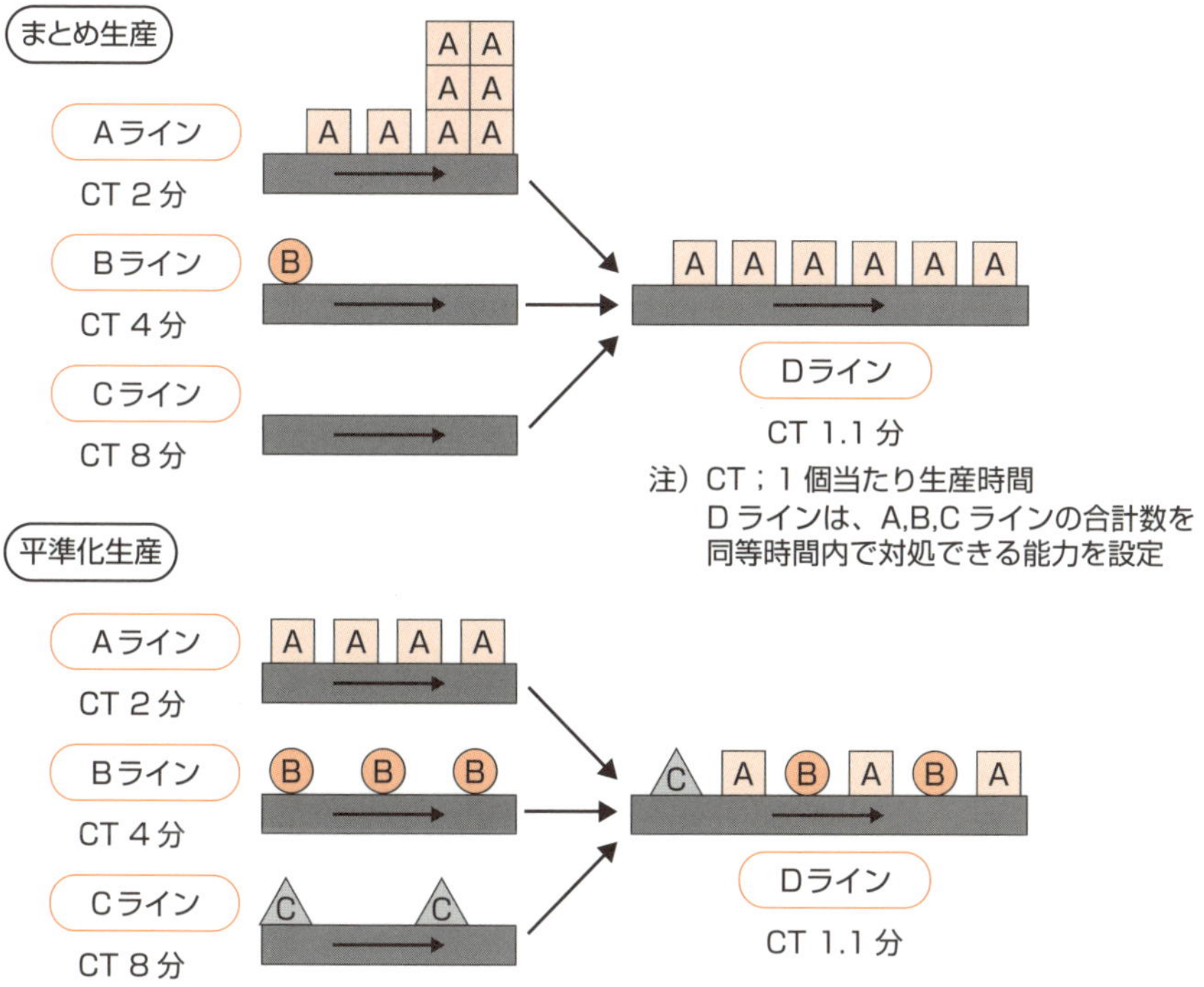

用語解説

CT：サイクルタイム（Cycle Time）のことで、工程での生産所要時間を表す

5 売れる分だけつくる

市場を注視することがカスタマーインの原点に

低コストとムダのない生産を追求したトヨタ生産方式の特徴は、「お客様（後工程もお客様）が注文した分だけつくる」ことにあります。

通常の生産方式では、生産計画を指示する部署の指令で工程ごとに生産し、前工程が後工程に部品を供給（押し込み方式）します。トヨタ生産方式では、売れた分だけ補充する生産の考え方とします。市場で売れた情報は最終工程が最もよく知っており、売れた分の情報をすぐ前の工程に伝えて補充生産する方式で、これを順次前工程へ展開すれば、生産が進むことになります。つまり、後工程が前工程へ生産情報を渡すことになりますが、後工程が前工程へ必要分を取りに行くこと（引き取り方式）で情報を伝え、前工程は引き取られた分だけを補充生産すればよいことにします。

売っていくらの製品づくりですから、お客様の求めるものをお客様の注文に応じてタイムリーに、ジャスト・イン・タイムにつくります。

これを実現するために、生産の平準化を前提として次の3つの基本原則があります。

①工程の流れ化
②タクトタイム生産
③後工程引き取り

売れた分だけ生産しますので在庫は必要最小限ですから、これは不良品や欠品のないことが前提の仕組みです。したがって、トヨタ生産方式は品質不良や設備故障がなくなるように、日頃からの取り組みを大変重視しています。

後工程が提供する生産情報に従い、流れの中で生産が進行して、完成品が順番に出てきて最後の1個は、検査が済んだらそのまま出荷されます。まさにジャスト・イン・タイムで、これが理想です。早くつくり過ぎて、倉庫で出荷を待っているようではダメです。

要点BOX

- ●ジャスト・イン・タイムとスリム生産の原点
- ●つくり過ぎのムダを排除する仕組みにつながる
- ●スーパーマーケットの販売棚への補充がヒント

生産指示のやり方の違い

トヨタ生産方式＝後工程引き取りシステム

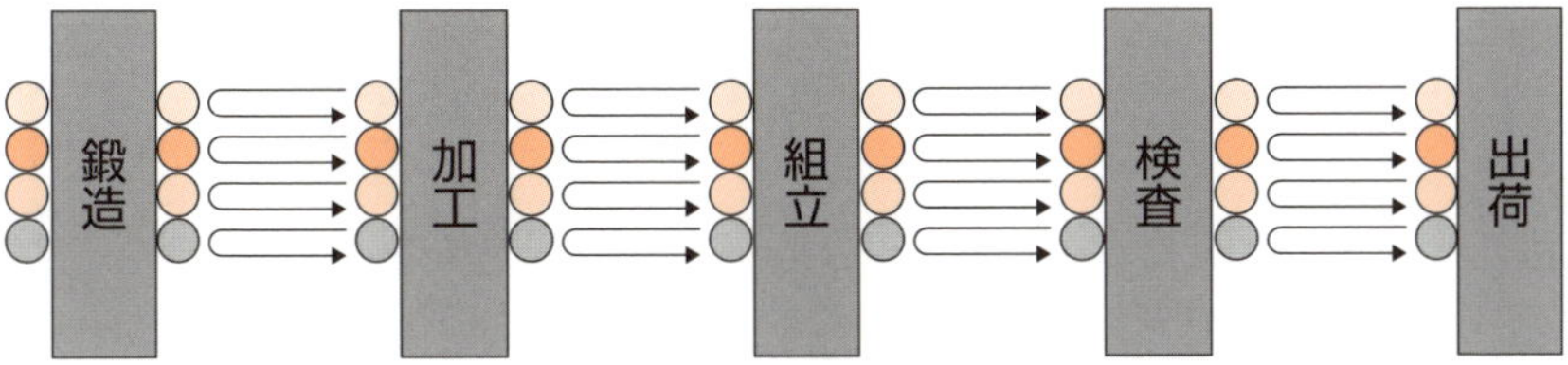

後工程でなくなったら前工程へ取りに行く

一般の生産方式＝上流生産指示＆押し込みシステム

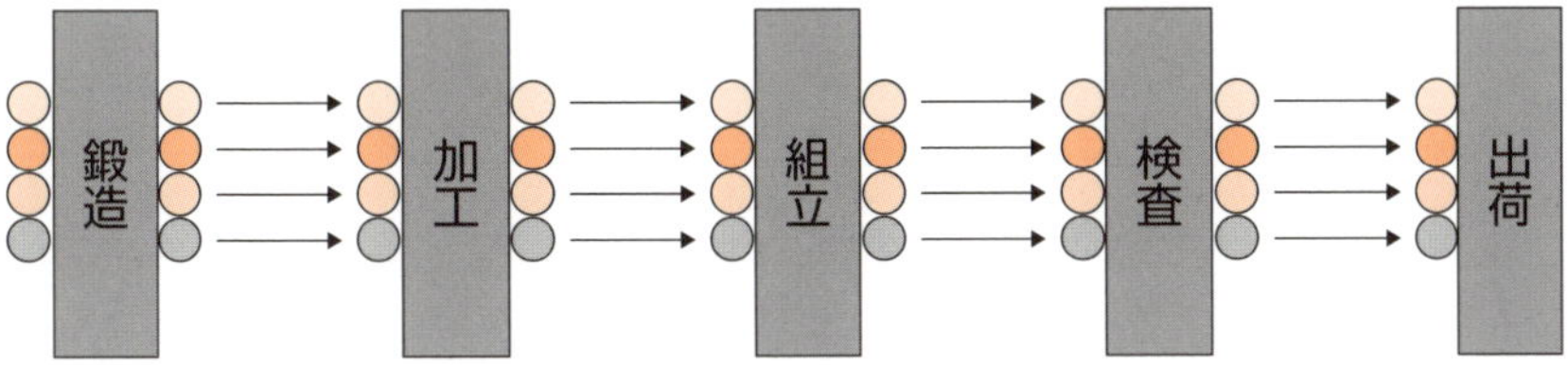

後工程引き取りシステムでのモノと情報の流れ

生産指示は、最終組立ラインの先頭にのみ与える

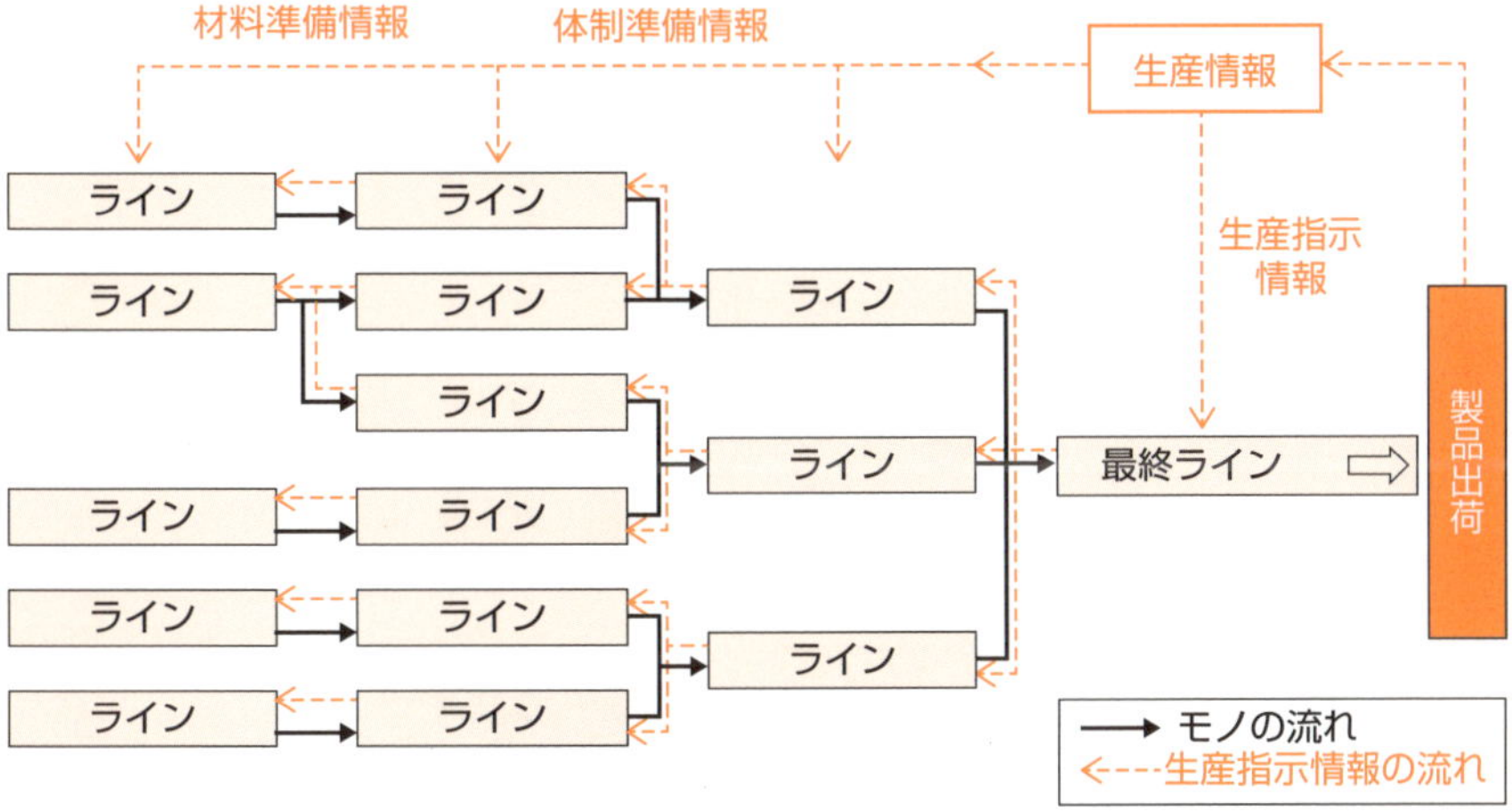

6 不良ゼロの製品づくり

品質は工程でつくり込む

トヨタ生産方式における品質保証の考え方は、次の4つの項目にまとめられます。

①品質は工程でつくり込む（良品しかつくらない）
②不良は5回なぜで、真因を追究し撲滅する
③工程で保証する
④検査で品質は良くならない

品質を工程でつくり込むことは、品質保証の根幹をなす考え方です。不良の発生防止と不良の流出防止の2点があります。

具体的には、不良が発生したら直ちに生産を止めることです。生産できない損失よりも、品質不良の存在を最も大きな損失とします。品質不良の真因を見つけるまで何時間も何日も生産を止めて、関係部署が協力して原因追究と対策を行うように仕向け、真因を現行犯でとらえて直ちに対策を行います。これで、やっと生産を再開できます。

それでも最悪を予測し、不良の流出防止として全数検査やそれに準じた方策を取ります。検査は付加価値を高めない作業で基本的にムダですから、工程での品質つくり込みにより検査を減らすことを追求します。

このアプローチでは品質規格内で設備が動作し、作業がなされるようにして、不良が発生しない領域で生産するようにしていきます。この取り組みを確立するには、不良の真因を突き止めた対策結果を、仕組みとして組み込みます。そしてこれを蓄積し、設備と作業のやり方をつくり上げるのです。真因追究の蓄積結果で、良品のみをつくる工程に改善されて行きます。

検査の効率化では、工程中に自動的に計測する、ゲージで判別するなどが挙げられます。また、異品は設備に取り付かない構造・方式にする、セット治具の工夫で加工できないようにする、などのポカヨケを用いて良品をつくる源流管理などがあります。

要点BOX
●不良発生しないよう品質規格内でつくる仕組み
●それでも不良が発生したら、生産を止める
●不良が再発しない対策をして、生産を再開する

品質を工程でつくり込むポイント

手順の標準化ルール化	1	工程ごとの品質特性・管理項目・点検項目の明確化、運用へ組み込み
	2	機械操作・加工品取り扱い手順化、品質留意点のチェック手順化
	3	工程作業のルール化・標準化
	4	初物・休憩前後・終物の品質チェックの実施
	5	異常処理・不良処理の結果のフィードバック・制度化
環境整備	1	5S（整理・整頓・清潔・清掃・躾）の徹底
	2	作業訓練・練習コーナーの整備、設置、利用の意識づけ
	3	コミュニケーション、自己実現の欲求の活用、人事考課への反映
	4	作業改善提案と改善実施の活発化した職場づくり
人材育成	1	強い監督者の計画的養成（部下育成指導、改善実行）
	2	新人・中堅別育成計画の整備、計画的教育と訓練の実施
	3	作業者への工程作業習得の指導訓練、習得合格後に作業従事させる
	4	工程作業ミス防止のために多能工化して変化点対応
	5	作業改善への意欲づけ

- 品質保証
  - 検査の不要化
    - 不良が出ない設備構造・仕組み
    - 自働計測・工程内計測
    - セット治具（ポカヨケ）
    - 品質規格内での動作・作業の構築
  - 検査手段の効率化
    - サイクルタイム内で作業できる自動検査機
    - ワンタッチゲージ
    - 目視チェックの効率化（画像処理など）
    - 手順・数量管理のディスプレイ表示

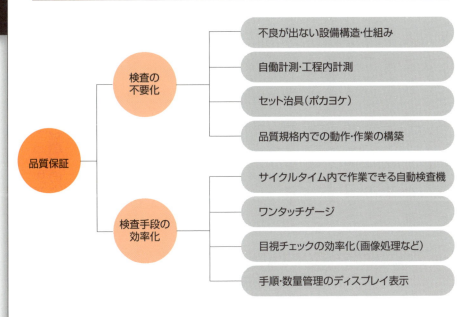

7 かんばん

トヨタ生産方式における現場での生産情報ツール

トヨタ生産方式は、かんばん方式と言われることがありますが、これは正しくありません。前者はモノのつくり方・流し方を言い、後者は生産情報の伝達方式を言っているので同じではないのです。5項で、ジャスト・イン・タイムの仕組みとして後工程引き取りに触れましたが、後工程の作業者が前工程へ取りに行くことは、実際の作業で効率的ではありません。そこで、後工程引き取りと同じ効果を引き出す手段としてかんばん方式が考え出されました。

かんばんは、部品名・品番・通い箱収容数が明記された伝票です。前工程は、生産した部品にかんばんを添えて後工程へ送ります。後工程は部品を使用すると、かんばんだけを前工程へ送ります。前工程は送られたかんばんの指示分だけ生産することになります。つまり、後補充生産です。かんばんの代わりに品名・数量を明記した工程間通い箱を利用することもできます。

工場内に存在する部品、つまり通い箱に入った部品はかんばんを添えることがルールで、在庫量はかんばんの指示する総量になります。かんばん枚数は、生産に支障のないように適正在庫量を配慮して設定します。かんばんの指示量だけしか生産ができない、かんばんが添付されたモノしか保管できないため、余分な在庫を持つことができない仕組みです。

生産現場には、ジャスト・イン・タイム生産を阻害する要因が数多く存在します。特に不良が発生すると、生産が行えなくなります。納期や数量に支障が出て、工場全体の生産継続ができなくなります。

かんばんの動きを見ていると、前後工程で何が足りないかがわかり、緊急時の優先順位も判断できます。かんばんの指示で適正在庫の生産をしていると、不具合の発生ですぐ在庫がひっ迫するため、不具合の発見が容易になって対応が早くなります。こうして、必要に応じて標準作業の改善にもつながります。

要点BOX

- ●かんばん方式はトヨタ生産方式の一部
- ●ジャスト・イン・タイムの実現のためのツール
- ●在庫・生産指示の見える化ツール

かんばんの種類

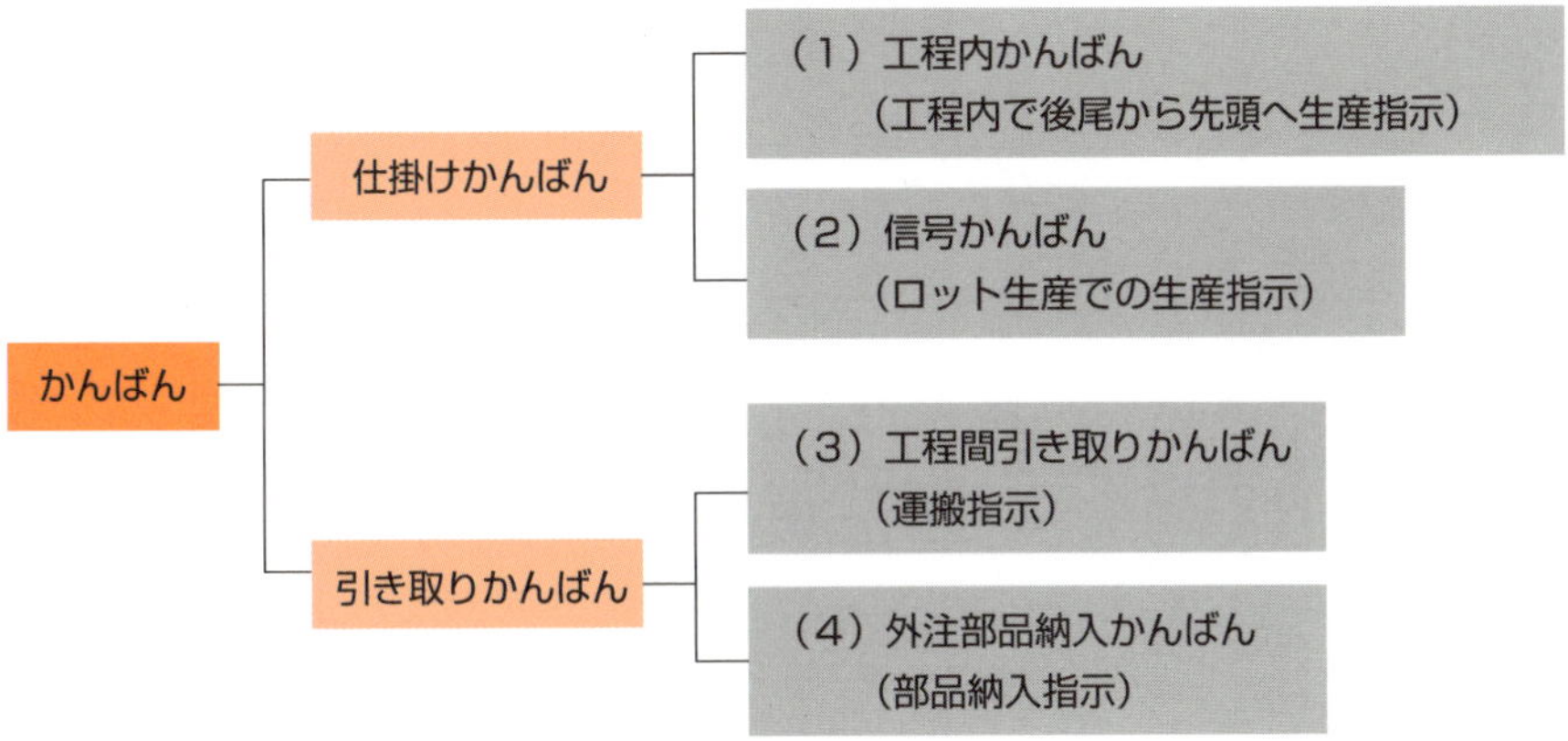

モノと情報の流れ

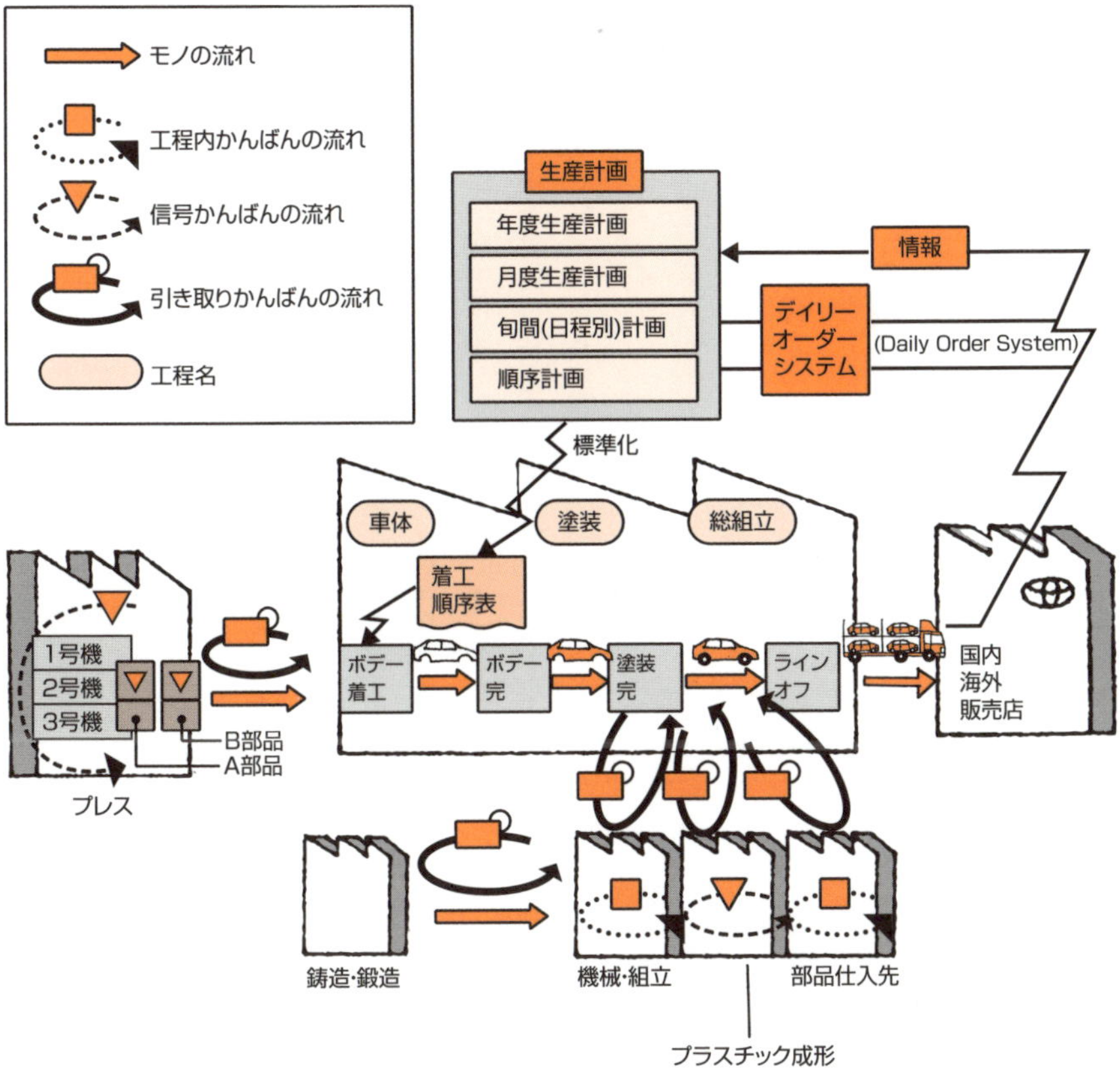

8 人づくり

トヨタ生産方式は人が中心、人が主役である

　モノづくりは刻々と進歩し、モノづくり現場は絶えず変化にさらされています。しかし、「ムダを省いて、良いものを、良い考えで、しかも安くつくる」という基本はいつの時代も変わらないものです。

　どんなに社会条件が変化している中でも、お客様の満足を創造し続けることが必要です。これが働く者の使命であり、課題です。変化への対応を可能にするのは「人の知恵」であり、「人中心のモノづくり」で決して変わることがありません。

　トヨタ生産方式を実現するためには、現場の作業者自身が次のような大きな役割を持っています。

①1つのラインで何種類も生産する（混流ライン）
②多能工化（いろいろな作業を1人でできる）
③設備を使いやすいように改良する
④旺盛な改善意欲を持ち、絶えず創意工夫する

　このために、「モノづくりは人づくり」という言葉を使い、人を育成することをとても大事にします。教育訓練をしますが、「教育」とは座学で新しいことや必要なことを学ぶことで、「訓練」は教育されたことを身体で実行し、身体で実現するようにすることです。教育と訓練はセットでなければなりません。

　正しい手順で作業して、品質に間違いのないモノをつくるために、作業手順を標準化して標準作業とします。さらに、これを間違いなく製造現場で実行し、実現しなければなりません。標準作業ができるように上司の監督者が指導と訓練を行い、できるようになったことを確認して、初めて製造現場での作業が許されます。このため作業練習をする教育訓練コーナーをラインの脇に設置し、いろいろな作業を実践してみるための補助装置や道具を揃えています。

　作業改善などを促す改善提案制度は、成果に対する報酬が設定されて改善の意欲を継続するように整備されています。「よい品よい考」は、工場で働く者が大事にすべきスローガンになっています。

要点BOX
●人中心のモノづくり
●個人の欲求と企業の欲求のマッチング
●作業者の考える力、知恵を出す力を最大限活用

人づくり・モノづくり

能力開発
- 人中心のモノづくり
- 人の能力の活用
- 考える力
- 知恵を出す能力

↓

能力発揮と活用
- 混流1個流し
- 多能工化
- 設備保全
- 絶えず創意工夫

↓

カスタマーイン生産
- 原価低減
- 良い商品を提供し、社会に貢献

トヨタ生産方式による人の活用

	トヨタ生産方式	一般生産方式
❶ 作業の標準化	●標準作業を現場で作成し遵守する ●作業者の意見も取り入れ、絶えず改訂する	●事務所スタッフが作成 ●加工指示書に近い
❷ 異常時対応	●現場の至るところに正常／異常を判断する仕組みがあり、作業者自身もそれを担う	●異常の検出力が弱い ●大きな問題だけが表面化
❸ 多能工化	●技能習得状況を示す多能工化訓練計画表に基づいて計画的に推進する ●自己完結型の生産方式の実現になる	●必要性は感じている ●組織の壁がある
❹ 設備の扱い方	●人が設備を使ってモノをつくる ●設備を使いこなすスキルだけでなく、日常点検、給油、増し締めを実施する	●設備がモノをつくり、人は補助者 ●設備保全は保全員の仕事（私運転する人、あなた直す人）
❺ 改善活動	●個別的テーマの改善活動を日常的に推進、小集団活動で取り組む ●あるべき姿の実現をめざして、スタッフと協力して困難なテーマに挑戦する	●現場作業者の仕事ではない ●QCサークルなどの小集団活動が活発な企業も一部存在する

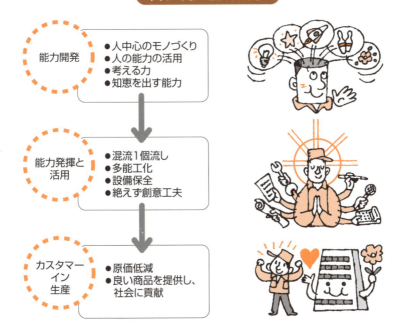

Column

流れでつくる

トヨタ生産方式では、工程に添って流れでモノをつくることで、良いモノづくりができています。各工程でのつくり作業をやり遂げて、これを順々に積み上げて製品をつくり上げます。工程を流れるモノは一個ずつ一列に流れて、順番を変えません。工程間でストックされていても順番を変えることはありません。

順序を変えずに流れでつくることで次のようなことができています。

①混流生産でのマッチング

順番を変えないから、多種類品を混流生産できるのです。

ボデーなどの基幹品に部品を組み付けるとき、本流の基幹品に組み付けるドアなどの部品は別流で合流しますが、順番を同じようにセットしておくことで、基幹品の種類順に間違いなくマッチングする仕組みをつくることができます。

②不良品の先頭を捕まえる

加工では、設定した生産個数ごとに品質チェックをします。ここで品質不良を発見した場合は生産を止めて、すでに流れて行ったどこに不良品の先頭品があるかを突き止めることが必要です。前回のチェック時は良品でしたから、先頭品は前回と今回の間の生産個数の中にあります。チェックして先頭品を捕まえれば、その前は良品、その後が不良品として対処でき、不良品の流出を防止できます。

③不良品の先頭を追究

加工の品質チェックで検出できない材料不良などの場合、材料不良の発生日時から今までの生産個数を算出し、材料不良の先頭品の流れの位置を推測します。日数がだいぶ経っていますから、完成車両の販売店か、輸出では輸送船上で海上か、外国で陸揚げされているかなどを突き止めて行き、先頭と思う品の品質確認を行います。先頭品を捕まえたら、後続品を回収して良品と交換する対処を講じます。

第2章
原価低減

トヨタ自動車は敗戦後の苦境時、
倒産の危機に陥りました。会社存
続のためには、多くの従業員を解
雇せざるを得ませんでした。その
とき痛感したのは、
自分たちの会社は、自分たちで
守るしかない、
会社が生き延びるためには
何としても利益を上げる、
そのために、
自分たちでやれることは
原価低減しかない
という「事実」でした。

9 原価低減こそ至上命題

利益を出したいなら原価を下げるしかない

企業は社会の繁栄、人々の幸福のために貢献することが求められ、そのためにも永続的に存続しなければなりません。社会全体の中で調和を図りながら利益を追求し、利益の中から税を社会(国・地方)へ納め、雇用を図って社会的責任(CSR)を果たし続けなければならない使命を持っています。利益を出さない企業は、社会的責任を果たしていないのです。

企業活動における利益とは、売価から原価(つくるために使った費用)を差し引いたものです。利益を上げるためには2つの方策があります。一つは売価を上げること、もう一つは原価を下げることです。

モノを購入する場合、消費者(人でも企業でも)は同じような仕様で同じような品質のものと比較し、安い方を購入するでしょう。ここで選ばれて購入してもらえなければ、利益はゼロですし、原価は回収できないことになります。

このように、売価は製造側で決めるよりも、購入者から選ばれて決まります。市場が価格を決めるのです。したがって、製品を製造するためにこれだけ原価がかかったからと、それに利益分を上乗せして販売価格を決めるような考え方は成り立ちません。

製品の販売で競合他社がない場合は、消費者はその一社から購入しなければならないため、価格が高くても購入せざるを得ません。新製品を開発し、新市場を開拓し、競合のない立場を確立するしかないのです。これができていない立場では、売価が市場で決まってしまうことから、利益を確保するためには原価を低減することだけが企業側である私たちに許された唯一の手段になります。

原価とは、製造に掛かった出費のすべての合計です。出費を低減することだけが許された道と言えます。しかも、それでも市場では顧客を確保するために、売価下げの競争が続きます。唯一残された道である、原価低減をすることは永遠に続くのです。

要点BOX
- ●売価は市場での競争と市場相場で決まる
- ●競合企業があれば売価アップは難しい
- ●原価低減はムダの徹底排除で対応する

利益を創出するには

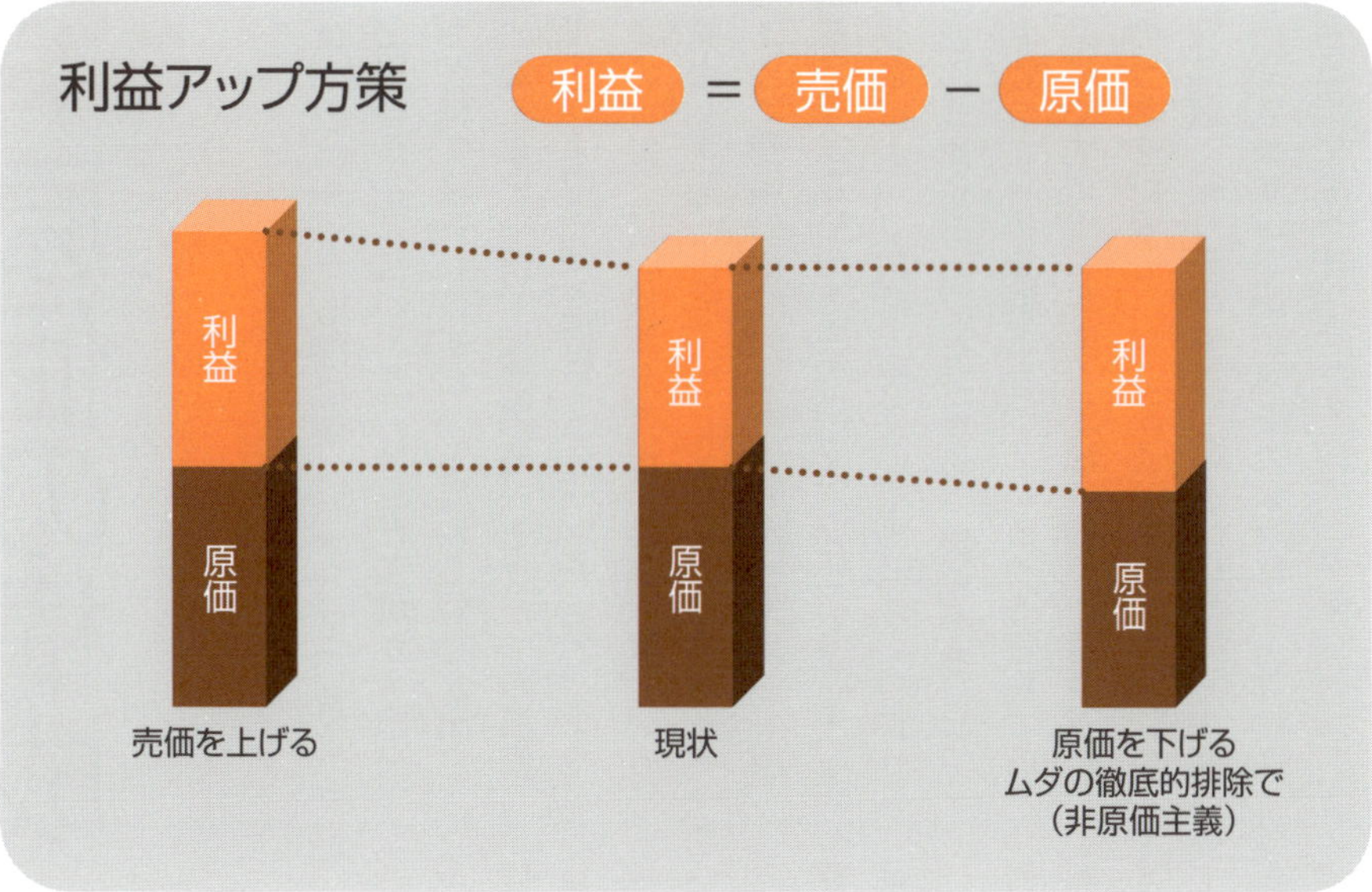

販売価格の構成

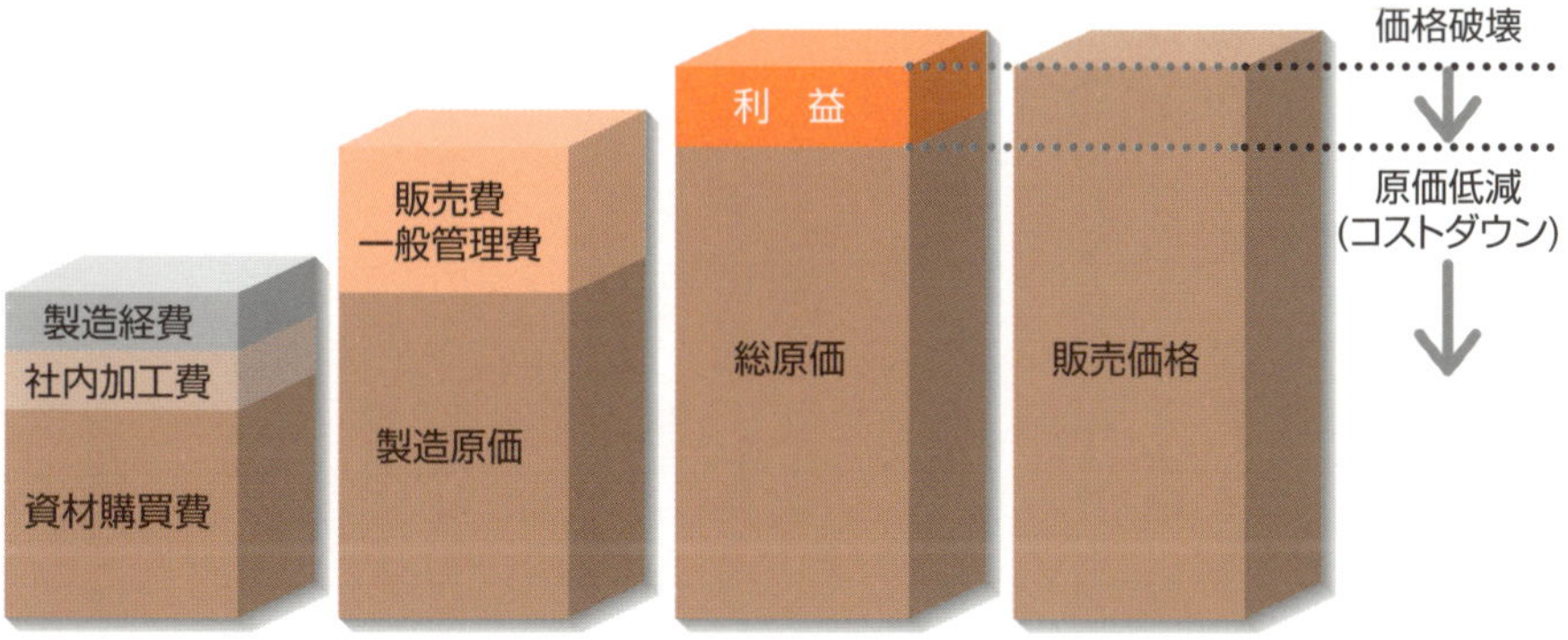

10 原価の構成

モノのつくり方、方法によって原価は決まる

原価は、製品をつくる際に使ったすべての費用、つまり出費のことを言います。製品が工場から出荷されてお客様に渡されますが、工場から製品が出てお客様に渡るまでに使った費用も、もう一つの原価となります。その内容と項目を左図の上に示します。

製造業の会社では、決算のために製造原価という費目を算出します。工場で使われる費用のことです。製品によって費用の構成の比率は変わりますが、原価を構成する主なものを左の円グラフに示します。

作業改善によって製造工場での原価低減、つまり製造原価の低減が可能になります。構成の費目が、それぞれどれだけの金額になっているかを把握することが必要です。1カ月間、工場で使ったそれぞれの費目の金額を把握し、少し乱暴ですがその月に生産した製品数で割り算すれば、製品1個当たりの原価が算出できます。下図に示したように、全体の中の比率も算出できます。

この原価を低減するためには、原価の費目ごとにさらに内容を掘り下げ、工場でどのような取り組みがあってその原価が実現しているかを明らかにしなければなりません。たとえば、用役費とは光熱費のことで、電気・ガス・水道の費用です。電気は、機械のモーターの動力源として多くの場所で利用していますが、加工が終わっていても電気が切れていなければ電気は使用され続けます。したがって、加工終了により機械への電気を遮断すれば、電気代を低減することが可能です。

労務費は、工場の従業員の給与と福利厚生費の合計を、同じく生産個数で割り算します。その他、材料費、労務費、保全費などきめ細かに注意して整理すると、その費用を低減できる取り組みを明らかにすることができます。つくり方、設備や工程での作業のあり方、工場の運営・操業のやり方によって、原価は大幅に低減されます。

要点BOX

- ●つくり方で原価は変わる
- ●原価は、社員一人ひとりの知恵と努力によって低減させることが可能

販価＝原価＋利益のうちの原価

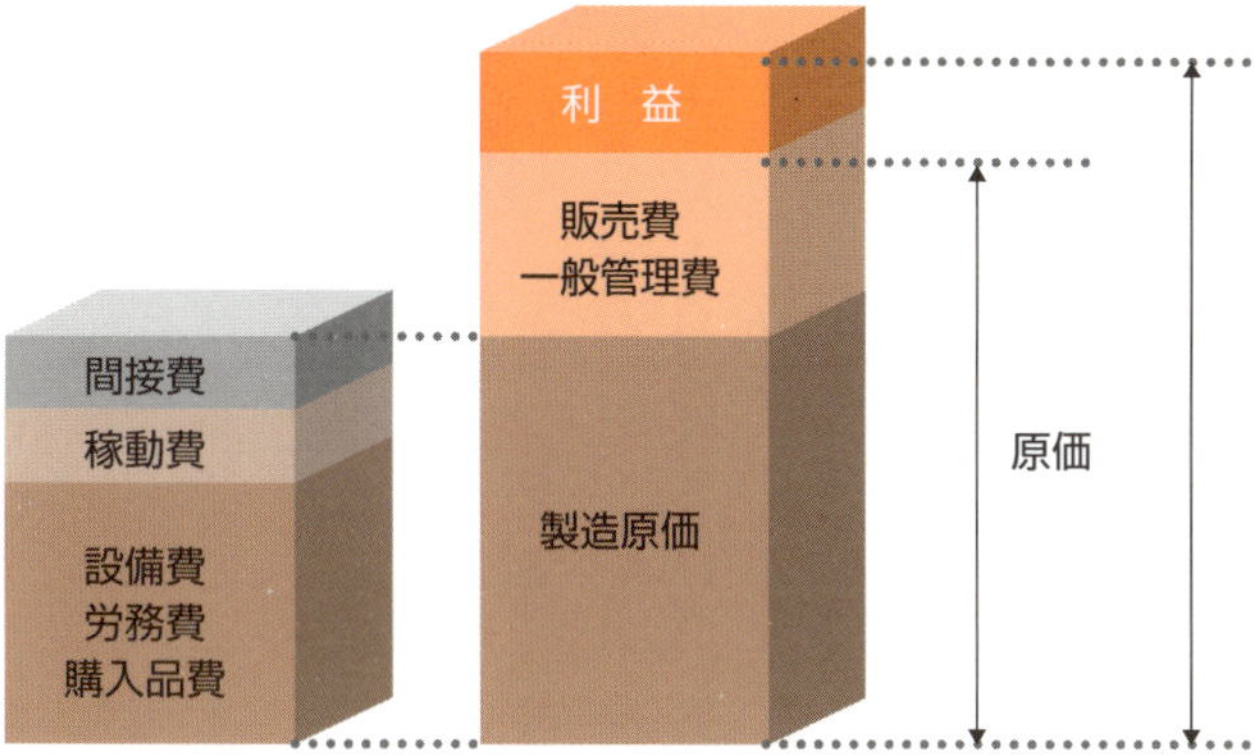

製造原価の構成

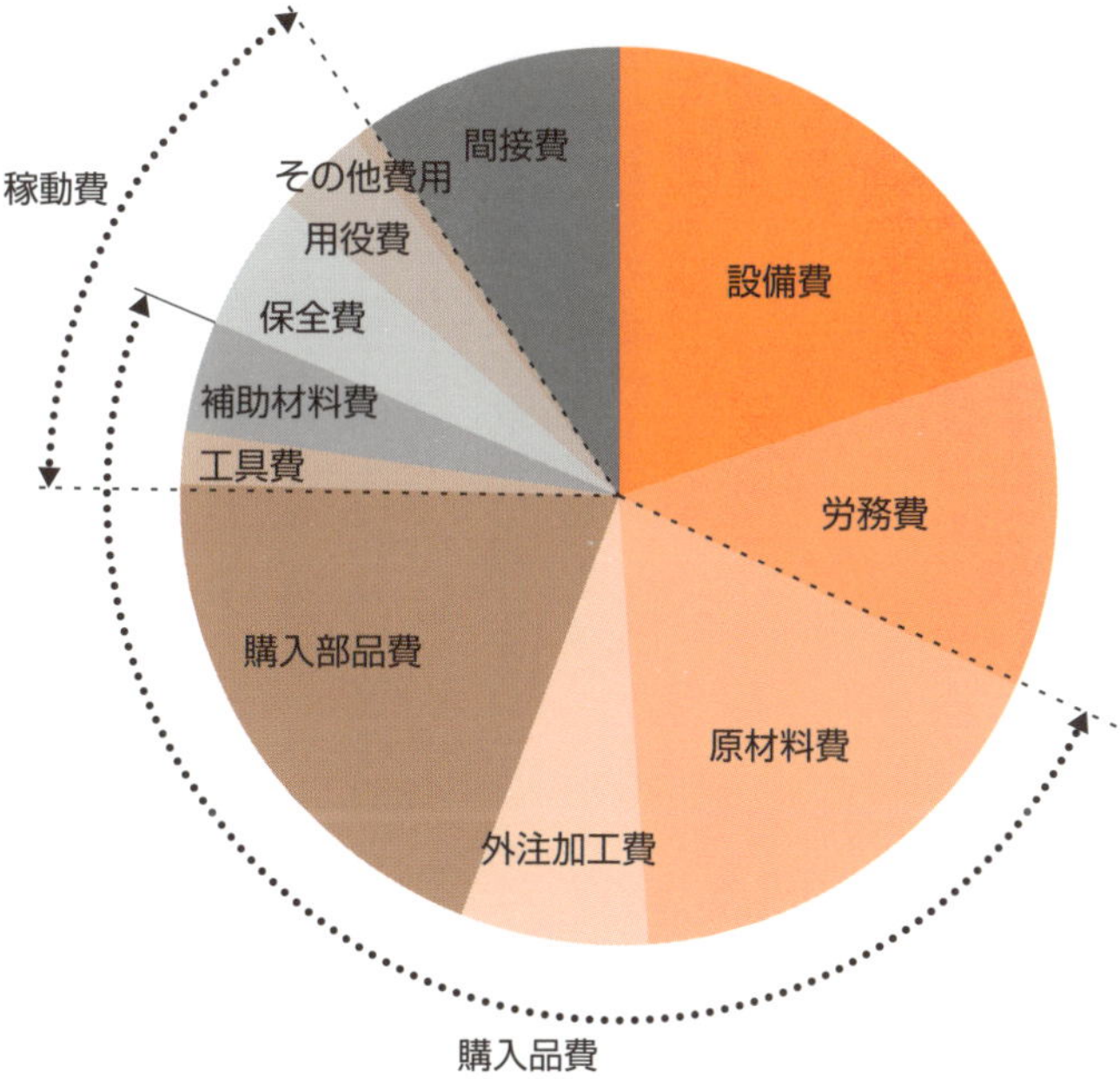

11 原材料費の低減

つくり方の合理性を追求してムダを徹底排除

製品の加工工場で見かける原材料として、鉄鋼の棒材や鉄板、鋼板、非鉄金属の棒材、アルミ素材、合成樹脂のペレットなどが挙げられます。そして、加工工場での完成品は、仕上げ加工前の半製品であったり、組立に供することができる完成部品であったりします。工場での原材料費の低減は、材質を変える（設計変更）ことで原料価格を下げる、材料の廃棄部分を減らすなどがあります。このうち、材質変更は製品性能や品質が変わることがあり、設計部署の十分な検討が必要です。

工場での入荷原材料の重量に対する、完成部品の重量比を原材料の歩留りと呼んでいます。歩留りは加工方法によって異なり、一般的には60～80%くらいであり、時には50%以下の場合も見られます。廃棄される部分は、加工途中で出てくる切れ端・廃棄材、切りくず、加工失敗品などがあります。原材料では、その全重量分の購入金額になりますが、完成部品として残らない重量分は廃棄されてムダの金額となります。このムダを低減しようと取り組むことが、工場主導で取り組むことができる原材料費低減活動の主たるものになります。

原材料費の低減では、この他に購入先の選定や購入方法の改善などがあります。現場の作業改善としては、歩留り改善が最も効果的な取り組みと言えましょう。競合他社とは工夫の競争です。

加工での廃棄材では、プレス加工時の打ち抜きスクラップがあります。左図はプレス加工での歩留り改善の例です。切削加工では、加工で除去する部分、すなわち切りくずの量が廃棄材です。樹脂成形では、温度など加工条件が整うまでに垂れ流す樹脂が廃棄材となります。それぞれの加工法において、工夫して廃棄材を低減する取り組みが必要です。どのような加工法においても、加工失敗や不良品の低減は大きな取り組み課題になります。

要点BOX

- ●材料の廃棄部分を少なくする工夫が決め手
- ●廃棄材の低減は、製品としての合格レベルのギリギリの成立まで追い込む

プレス加工品の歩留り向上

例1

歩留りの良い部品形状にする

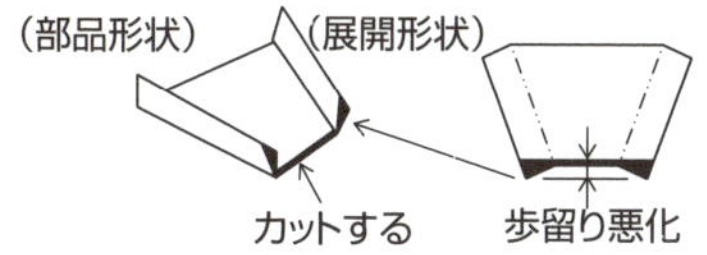

歩留り率
87.5% → 96,9%

例2

順送りによる歩留り向上

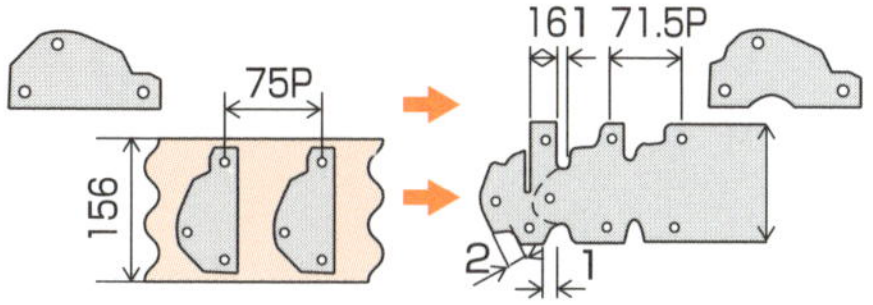

打ち抜き後の部品形状を
右図のように凹み可とする
ことで成立
順送りピッチを
75mm→71.5mm

例3

2 つの部品の溶接構造から一体化構造へ

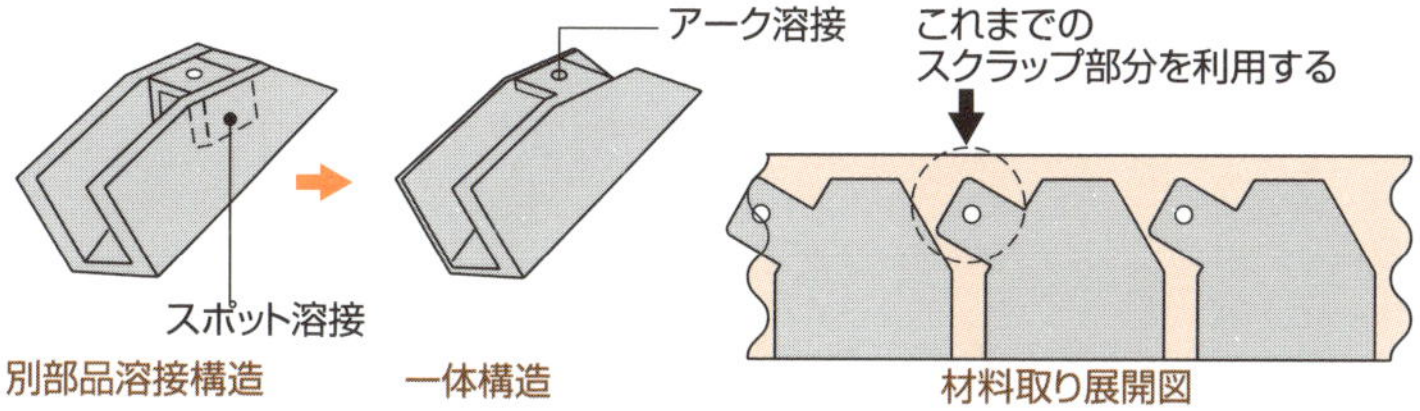

例4

テーラードブランク材

素材を分割し、それをCO_2レーザー溶接により
一体化することで歩留り向上を図る

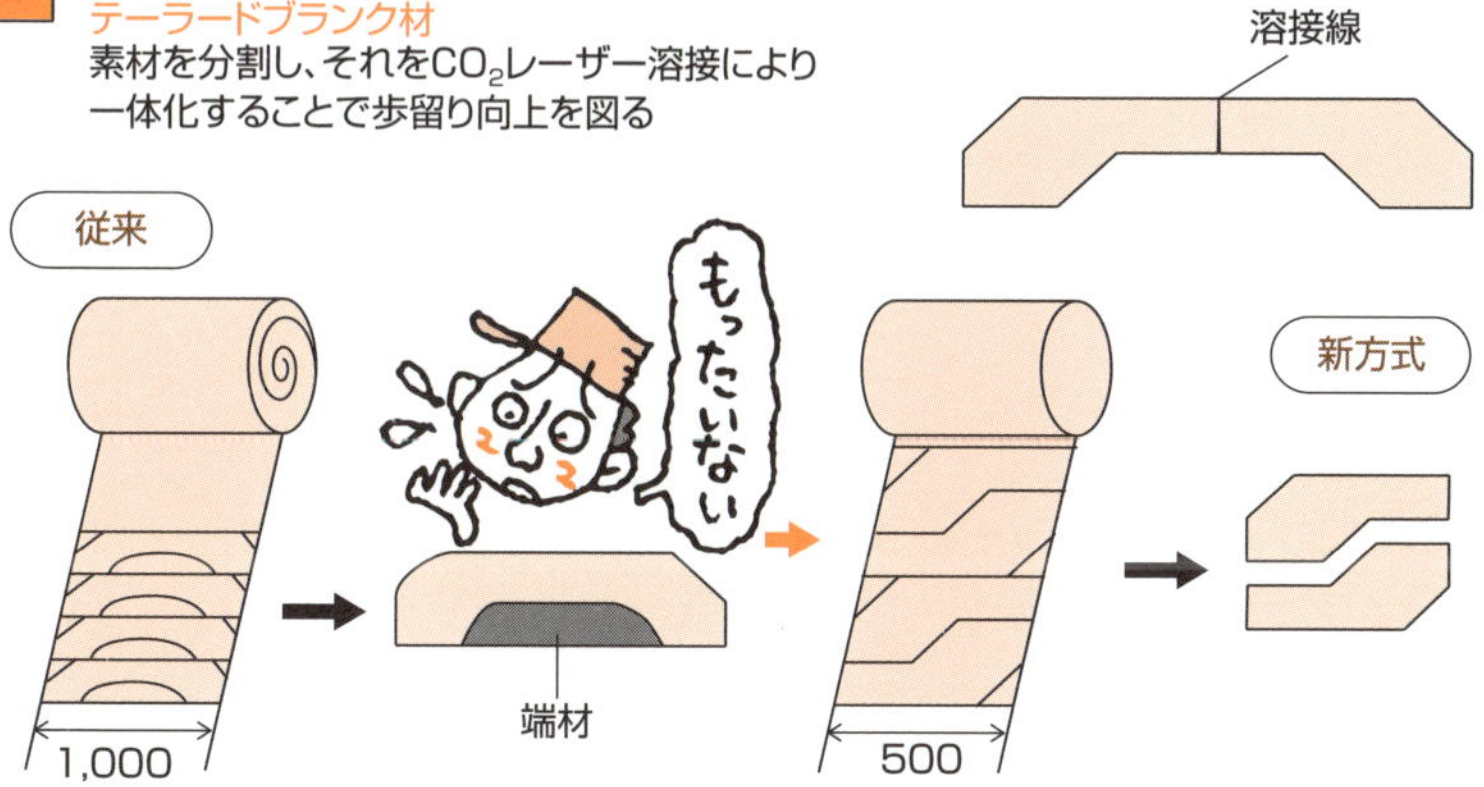

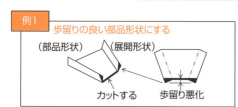

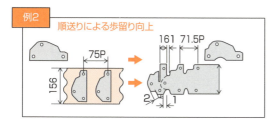

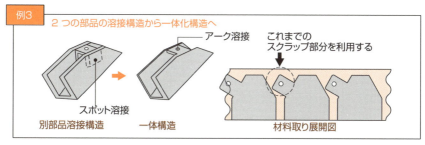

12 社内加工・組立費の低減

技術と作業の合理化を徹底的に進める

　モノづくり企業では、基本的に社内で加工と組立を行います。ただし、種々多数の部品をすべて社内で加工するということはなく、特徴ある専門業者の部品あるいは諸製品を活用されることが多いものです。これらは購入品として、社内加工品と組み合わせながら組み付けられます。それでも、社内で加工し組み立てる工程はモノつくりの主流の工程ですから、原価低減取り組みの主体として取り組まれるものが社内加工・組立での原価低減となります。

　社内加工費の原価構成は、10項で示したものの一部になります。設備費、労務費、稼動費などです。

　設備費は、設備購入費を設備使用年限（法定償却年限）で割り算して、1年当たりの設備費（償却費）を算出し、年間標準操業時間から時間当たりの設備費も算出でき、部品加工での設備使用時間から部品の設備費を算出できます。

　稼動費は、加工の種類によって特異性があります。切削では刃具工具・油脂の費用など、熱処理では加熱のガス・電気代と冷却の油・水の費用など、プレスや溶接では設備運転の電気・空圧の電気代など、鋳造・鍛造では加熱の電気・ガス代などです。

　組立費の構成は、加工費と同様な費目構成になります。自動組立は設備費が主要な要素で、手作業組立の場合は作業労務費が主要な要素となります。

　加工・組立の原価低減は、構成する費目の一つひとつに注目して、その低減に取り組みます。効果的なのは、スピードアップによる機械動作時間・作業時間などの所要時間の短縮です。品質と安全の確保を前提にして、技術的な極限のせめぎ合いが必要です。すでに購入済みの設備費を低減することはできませんが、自動化の追加などの改善をする際には、設備の簡易化として動力を用いないからくり機構を使った工夫は、原価低減を楽しく取り組むやり方としてお勧めです。

要点BOX
- ●原価構成の費目把握が低減取り組みの原点
- ●技術的検討不足とムダの介在を見つけ出す
- ●論理的に詰め、あきらめず取り組む

社内加工費の低減

費目	原価低減方策
設備費	○スピードアップによる設備使用時間の短縮 ○切削エアカット距離の短縮による空転時間の短縮
労務(作業)費	○からくりによる材料取り外し、取り付け作業の自動化 ○設備レイアウト改善による歩行距離(時間)の短縮 ○自動搬送車による搬送作業の廃止 ○からくり搬送(重力利用搬送)による搬送作業の廃止
電力費	○切削時以外の通電を切る ○モーターの空転時の通電を切る ○圧縮空気配管からの漏れ防止による圧縮空気量の低減
切削油費	○油性切削剤から水性切削剤への変更 ○切削油剤の使用から切削油剤不要のドライ切削へ変更
刃具費	○切削工具の材質変更などによる寿命延長 ○工具専門メーカーの汎用安価刃具の活用
洗浄費	○高分子溶剤による洗浄から、水性洗剤での洗浄へ変更
塗装塗料費	○溶剤系塗料から水性塗料へ変更(環境改善効果もあり)

社内工程の改善による加工費の低減

13 労務費の低減

作業時間の短縮のためには作業の標準化が前提

モノづくりにおける労務費は、原価の中でも大きな部分を占めますが、その主たるものは製造現場での加工と組立の作業工数、つまり作業時間です。

同じ目的の作業をしても、作業のやり方によって時間に大きな差が出てきます。人によって動作の内容や時間が違っています。また、速くて多くの作業数をやり遂げた場合が疲れるとは限りません。作業の姿勢やモノの持ち方や歩き方において、力やエネルギー消費の少ないやり方に改善すれば、作業数が少ない場合よりも疲れずに多くの成果を出すこともできます。作業の改善は知恵を出すことが大事です。

トヨタ生産方式では、競合他社との競争において改善できる項目として、作業改善や作業の原価低減を大きな課題として位置づけています。作業改善のさらに掘り下げた取り組みは、後半の第5章から7章で紹介します。

労務費の低減のためには作業時間の短縮が必要ですが、作業者ごとに異なる作業方法・時間が存在する中では、時間短縮の成果を出すことができません。同じ作業でも、やり方によって改善が当たらない場合があるからです。職場作業の全体としては成果としてまとめられません。このため、同一目的の作業は、同じ作業の手順で同じ動作のやり方に統一することが必要です。このようにすると、改善によって誰が作業しても時間短縮されることになります。この統一された作業のやり方を標準作業と言います。作業の改善ができる大前提として作業の統一化、つまり標準化が必要というわけです。作業の標準化の取り組みについては、第6章で詳述します。

標準作業と言っても実際は統一された作業方法に過ぎませんから、動作のムダなどはまだかなり残っています。繰り返し動作、大ぶりな動作、緩急のある動作、一服感のある動作などはムダや無理な動作が含まれると考え、目を凝らして観察しましょう。

要点BOX
- ●同一目的の作業は作業者間のやり方を統一
- ●作業の統一ができたら、これを標準作業とする
- ●標準作業は品質を確保して時間短縮の改善

作業の統一化＝標準化

標準作業でのムダ取り改善

14 加工・組立における諸経費の低減

こまごまとした諸経費は原価低減のネタの宝庫

社内加工・組立の工程での原価構成では、原材料費、設備費、労務費、稼動諸経費が大きい費用となります。ここでは、稼動諸経費の低減について取り上げます。

生産活動をする際に、工場全体を動かし運営し、個々の設備を稼働させ、作業者が働き回る環境を整備することが必要です。このために不可欠な諸々の経費を稼動費と呼びます。

まず、補助材料があります。切削工具・組付用工具・スポット溶接チップ・溶接棒や溶接線、油やグリース、切削油液、焼き入れ冷却液、電解液、塗料、めっき液、電極材などです。設備を円滑に動かすため、工程条件を成立させるためなど、加工・組立を支援する材料です。また、製品にはグリースを封入したり、潤滑油を封入したり塗装したりしますが、この場合の補助材料は原価の構成品にもなります。補助材料には、製品に触接するだけのもの、製品に組み込まれるものの2つがあります。これらの量の適正化による原価低減が求められます。

次にエネルギーが挙げられます。電気は、設備の運転や工場の照明と空調、工程で使用される圧縮空気や蒸気の発生のためなどに使われます。設備の運転は、停止中も通電するなどエネルギーを低減する取り組みの切り口は多々あります。ガスは加熱が大規模になる炉などに用いられますが、これも低減が必要です。最近は、地球環境改善としてエネルギー低減の取り組みもあり、一層重視されています。

保全は、設備の円滑な運転を継続するために重要な取り組みです。ここでの労務費は、加工・組立の全体の労務費に含まれますが、保全費としては保守のために購入する設備部品、工場内の空調や配線配管の保全、保全工事を一部外注する場合の外注費などがあります。この取り組みの改善も原価低減となります。

要点BOX
- ●諸経費の低減は身近なやりやすいことから
- ●技術的改善が効果を大きくする
- ●諸経費の安定は日々の定常・ルーチン化から

諸経費の低減の取り組み

補助材料ー加工補助、設備補助

材料	低減の方法
切削工具	寿命延長ー摩耗防止（硬質材料化）、欠け防止、破損防止
組付工具	寿命延長ー摩耗防止（硬質材料化）
溶接チップ	寿命延長ー摩耗防止（硬質材料化）
溶接棒・溶接線	仕損防止、終了廃棄の削減
油圧油	寿命延長ー汚濁防止、異物（鉄粉など）混入除去
潤滑油・グリース	垂れ流し防止
切削油・切削液	寿命延長ー腐敗防止、異物（鉄粉など）混入除去
焼き入れ冷却液	寿命延長ー腐敗防止、異物（鉄粉など）混入除去
電解液	寿命延長ー腐敗防止、異物（鉄粉など）混入除去
塗料	寿命延長ー変質防止
めっき液	寿命延長ー変質防止、異物（鉄粉など）混入除去
電極材（めっき他）	寿命延長ー変質防止、異物（鉄粉など）混入除去

補助材料ー製品補助

材料	低減の方法
油・潤滑油	設計設定値を遵守
塗料	塗膜厚さなど設計設定値を遵守
めっき液	めっき厚さなど設計設定値を遵守、寿命延長
めっき電極	めっき厚さなど設計設定値を遵守、寿命延長

用役ーエネルギー源

エネルギー	用途	低減の方法
電気	設備運転	加工時以外の通電防止
	加工の作動源	加工終了後の通電停止
	照明	人が不在時は消灯、蛍光灯からLEDなどへ変更
	空調（冷房・暖房）	適正気温に管理
	圧縮空気	漏れ防止
	蒸気	漏れ防止
ガス	加熱	温度管理に同調

15 社外加工・資材購買費の低減

社内加工費よりも安い価格での購入を基本とする

自社設計の部品では、社内で加工するもののほかに、社内にない技術や工程などが必要な場合に社外で加工してもらうものがあります。また、製品には社内設計部品のほかに専門メーカーの製品や標準的な部品も組み込まれますが、これを資材購買品と言います。原価の構成として、これらの社外加工品・資材購買品も原価低減の取り組みが必要です。

これらの部品は購買部署が購入して社内に持ち込むため、工場の製造関係者が価格低減に関与することは難しいところがあります。特に特殊技術の専門メーカーの場合は、工程でも技術力でも及ばないため関与することが難しくなります。これらを安く購入しようとする場合、購買部署の力に頼った方がいいかもしれません。

ただ、社外加工品の場合は、部品全体として全工程分を一括外注している場合が多く、このような場合、工程の中では社内加工ができるものも少なくありません。こうした部品の場合は、途中の工程までは社内で加工し、特異な加工技術を必要とする加工のみを外注業者に加工してもらい、またその後の加工は社内で行って完成させる、という取り組みができます。つまり、部品の一括外注加工から、一部工程のみの外注加工に変更するということです。

これは、加工方法の改善による原価低減の取り組みではなく、加工の内製化による原価低減に相当します。もちろん加工費を比較し、社内が安いと確認できた場合に可能となります。また、外注化政策という経営的な側面も配慮が必要です。

市場での製品の価格競争が激しくなり、製品の利益確保が難しくなった場合は、このような加工の内外製の見直しによる原価低減が意外と効果を発揮するものです。外注費は原価の中で大きな額を占めているため、社内加工化することは大きな原価低減につながることがあります。

要点BOX

●社内にない特殊技術の製品は外注が主体
●部品の全工程一括外注は安易にはやらない
●高度技術・高性能の標準品は価格比較して購入

外注加工を社内加工に変える原価低減

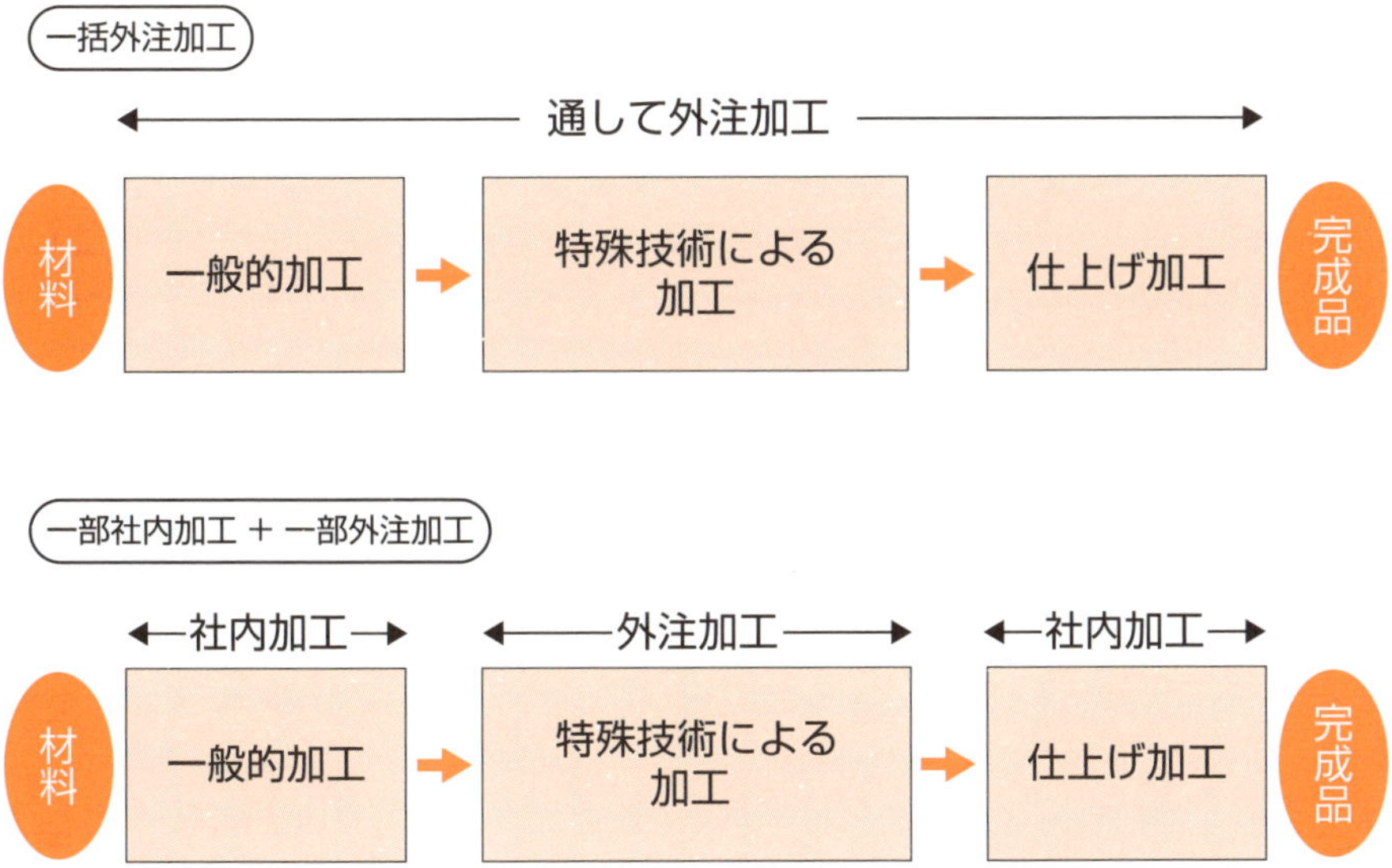

16 VEなど製品設計の変更による原価低減

原価低減の効果金額が最も大きいのは設計の改善

製造現場で加工や組立の作業改善を考えるとき、「製品の形状がこうだったら…」とか「加工精度がこうだったら作業が簡素化できる…」「工程が短縮できる…」などと考えることが多いのではないでしょうか。特に2つや3つの部品の一体化が実現すれば、原価は大幅に低減できるでしょう。このように、製造現場の人々から製品設計部署へ設計改善の要請をすることは、とても大事な取り組みです。

一般に、設計部署と製造部署の協力活動は行われにくいものです。製品設計は、製品の機能や品質に関する根幹の取り組みであって、安易に口出しをすることは勇気が必要です。しかし、製品の設計者はその方面のプロであるものの、製造の、特に現場の取り組みの実態や問題点の認識についてはそれほどレベル高くはありません。したがって、製造現場からの製品設計へのつくりにくさや、つくりやすさの感想に関わる意見は大いに述べましょう。会社の発展のためには、製造現場と設計部署は常日頃から率直に意見交換をすればいいのです。

世の中での原価低減活動に、VA・VE活動があります。設計変更までは立ち入らない原価低減の取り組みをVA（価値分析）活動、設計変更まで踏み込む原価低減の取り組みをVE（価値工学）活動と呼んでます。これらの取り組みは、協力関係の少ない部署間の取り組みですから、社団法人VE協会が約束事・ルールを設定して取り組み方を提示しています。VAは日常の原価低減活動と考えてもよいですが、VEについてはVE協会のルール（左の図表を参照）に沿って取り組むべきでしょう。

設計改善までさかのぼって改善すると、原価低減は30％程度の大きな成果が期待できます。工程設備の改善レベルの場合における原価低減効果では15％、作業改善レベルでの原価低減効果は5％程度と言われています。

要点BOX
- ●製品設計の改善提案は、機能は維持したままで
- ●強度と耐久性はしっかり確認することが大事
- ●製造工程の短縮のために設計変更して簡素化

日本ＶＥ（バリューエンジニアリング）協会による活動ルール

VA活動とVE活動とは、製品やサービスの価値(Value)を最大化する活動

価値(Value)とは、製品やサービスの価値が果たすべき機能を、
そのためにかけるコストで除したもの

$$価値(V) = \frac{機能(F)}{コスト(C)}$$

取り組みとして

VA(Value Analysis：価値分析)…………機能(製品設計)は、そのまま維持して、バリューチェーン全体で原価低減を行う

VE(Value Engineering：価値工学)……製品機能向上の開発・設計の改善を含めて、バリューチェーン全体で原価低減を行う

「機能」とは製品が持つ特性………… 品質や性能、安全性、環境側面など

活動の基本原則	内容
使用者優先の原則	顧客要求から外れたものにならないように改善の照準を合わせる
機能本位の原則	Why-How-Whatの視点で疑問を大事にし、機能本位で考えること
創造による変更の原則	現状や固定観念にとらわれず、新しいアイデアを批判しないこと
チーム・デザインの原則	各分野の専門家によるCFT（クロスファンクショナルチーム）を組織すること
価値向上の原則	V=F/Cの概念式に基づいて、価値の向上を図ること

ルールを守って
活動の効果を
最大にしよう

Column

企業の社会的責任

最近、売上や利益などでの各種詐欺、個人情報や技術の情報漏洩、法令を守らない、ハラスメント、インサイダー取引などの問題が多発しています。企業人としての社会的責任の欠如であり、トップ以下全社員の責任です。

企業の社会的責任は社会性・公共性・公益性の３つに分けられます。

１つめの社会性では、企業の存続・発展をめざす、また仕事のプロとして仕事場を充実させて雇用拡大を図り、同時に成果（良品廉価）で社会に貢献するという責任になります。

２つめの公共性は、自然環境の破壊、公害など、してはならない責任、みんなで共有する環境を維持する責任です。

３つめの公益性は、企業環境やステークホルダー（利害者集団）に対する責任であり、みんなが共有する利便・利益を維持する責任です。最近では企業のボランティア活動も盛んです。

製造業に限らず技術や技能を磨き、原価低減を図り、環境に優しいモノづくりやサービスの提供で、消費者に良いモノを安く提供することが、結果として会社を繁栄に導くことを心に刻んで生きて行きたいものです。

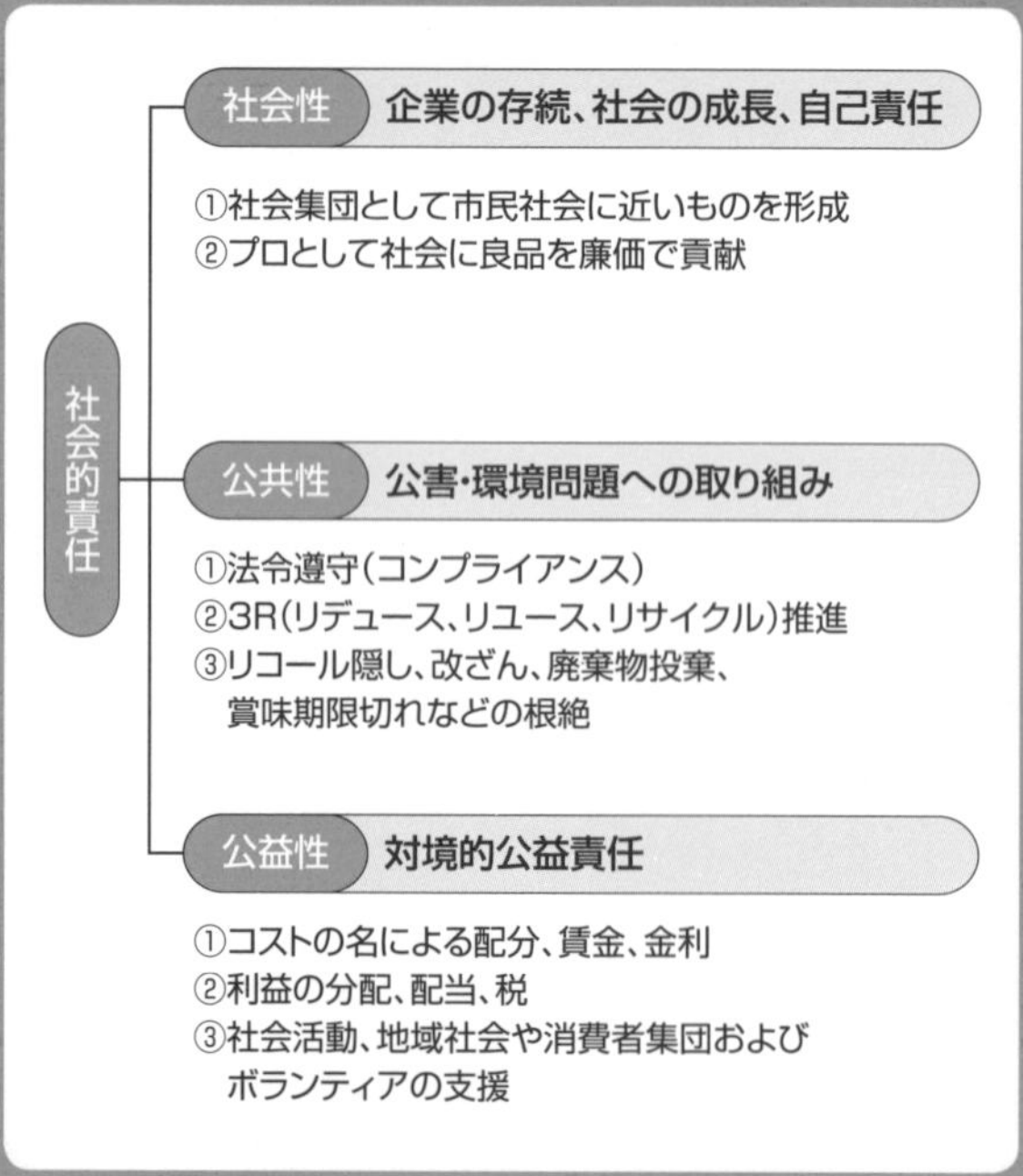

社会的責任
社会性　企業の存続、社会の成長、自己責任
①社会集団として市民社会に近いものを形成
②プロとして社会に良品を廉価で貢献
公共性　公害・環境問題への取り組み
①法令遵守（コンプライアンス）
②3R（リデュース、リユース、リサイクル）推進
③リコール隠し、改ざん、廃棄物投棄、賞味期限切れなどの根絶
公益性　対境的公益責任
①コストの名による配分、賃金、金利
②利益の分配、配当、税
③社会活動、地域社会や消費者集団およびボランティアの支援

第3章

改善の見方・考え方

私たちは日々の仕事の中で、「今よりもっと良くしたい」という想いを抱くものです。それを実現する第一歩として、問題のとらえ方や改善の仕方についての「型」を知ることが、とても大切になります。

「こう来たらこう返す」という「型」を身につけることで、一人ひとりの個性を活かしたアプローチがより効果的に働くようになります。小さな改善を絶え間なく積み重ねる中で、これまで気づかなかった新しい可能性や、より良い方法の発見にもつながるはずです。

17 改善がもたらす効果

改善を具体化するための視点を知る

トヨタでは、改善が製造現場に根づいています。また世界に目を向けても、「KAIZEN」として広く親しまれています。それでは、改善によってどのような効果が得られるでしょうか。

■生産性向上(Productivity)

同じ時間でより多くのモノがつくれたり、同じ量を短い時間でつくれたりなど、効率的な生産活動につながります。

■品質向上(Quality)

壊れない、使い勝手が良いなど、顧客の満足度向上につながります。

■コスト削減(Cost)

同じ品質のモノが安く生産できます。また、安く生産できれば顧客にも安く提供できるため、顧客満足度も向上します。

■納期短縮(Delivery)

短時間で同じ品質のモノをつくることができれば、顧客から求められる納期に応えやすくなります。

■安全性向上(Safety)

作業環境の安全性を高めることで、従業員が安心して作業に従事することができます。

■モラール向上(Morale)

従業員のモチベーションを高めることで、生産性や品質の向上にとどまらず主体性が醸成され、さらなる改善活動につながります。

■環境改善(Environment)

作業環境の改善により、作業負荷の軽減が図られます。また地球環境への負荷低減により、SGDsへの貢献や企業評価の向上にもつながります。

■情報(Information)

ITが製造現場にも普及している現在、あらゆる改善に対してデータや情報の管理、および活用が重要な役割を果たします。ITの利活用により、効果的で効率的な改善につなげましょう。

要点BOX

●改善はPQCDSMEIの視点で考える
●顧客の満足度向上に加えて、従業員のモチベーションアップにもつながる

改善によって得られる効果

視点	改善目標の例	改善方法の例
生産性向上(P)	日当たりの製造量を15%向上させる	工程間のムダな移動をなくすために、設備の配置を見直す
品質向上(Q)	クレーム率を0.01%以下にする	ポカヨケを導入して後工程に不適合品を流さないようにする
コスト削減(C)	原材料の廃棄を30%削減する	プレスで打ち抜き余った材料を、別の部品の原材料として使う
納期短縮(D)	製造リードタイムを3%削減する	最長時間を要する工程の段取り替えを外段取り化する
安全性向上(S)	作業場での災害をゼロにする	作業場における危険個所の洗い出しと対策を実施する
モラール向上(M)	従業員のモチベーション向上を通じて改善提案件数を2倍にする	優秀提案を毎月表彰する制度を導入する
環境改善(E)	作業時に排出される廃棄物を30%削減する	廃棄物を物質ごとに分けて回収し、それぞれ別の用途に使えないか検討する
情報(I)	目視検査での不適合品の検出率を100%にする	画像認識による検査システムを取り入れ、微小なキズを見逃さないようにする

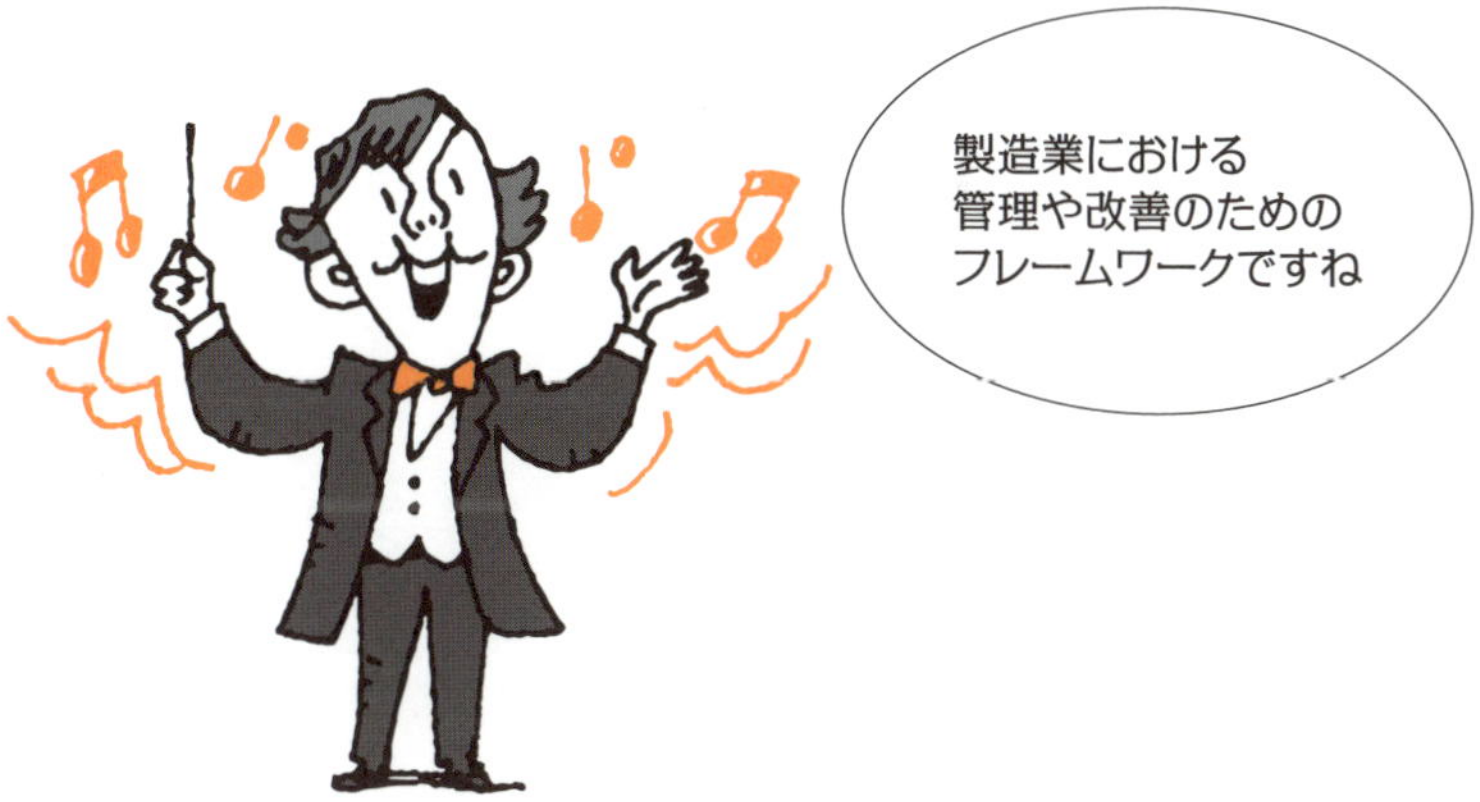
製造業における
管理や改善のための
フレームワークですね

18 ムダの認識

売上や利益につながらず、原価だけを押し上げる諸要素

製造現場におけるムダは、「原価だけを押し上げる生産の諸要素」を指しています。つまり、モノづくりに対して付加価値を高めない、さまざまなムダのことです。

たとえば、必要以上のモノをつくり過ぎるムダ、機械の自動送りが終わるまで手待ちをしているムダ、不良品や手直しを必要とするモノをつくってしまうムダ、必要もないのにあちこちにモノを運搬するムダ、そしてバラツキの多い不安定な動作のムダなどです。

ムダは十分に気をつけて管理しないと、現場のあらゆる場所で発生してしまいます。作業のやり方が悪いと、現場は働いているのではなく、単に動いているに過ぎないのです。たとえば、現場の作業の中でモノを置く、モノを積み重ねる、モノを探すというような動作は、単に「動く」ことであって仕事とは呼べません。

「仕事」とは、工程を進ませることを言うのです。工程を進めることは、モノの付加価値を高めることであり、この行為こそが「働き」です。削ったり、溶接したり、組み付けたりするのは、付加価値を高める加工そのものです。単なる動きを働きに変え、ムダをゼロに近づけることが、真の効率向上に結びつきます。

加工工程と組付工程が少し離れたラインを例に考えてみましょう。このレイアウトを肯定している限り、加工工程から組付工程へ部品を運搬することは、次工程へ進めるために欠かせない仕事のように見えます。しかし、加工工程と組付工程を直結するレイアウトに変更すれば、この運搬作業そのものが不要となります。

仕事だと思ってやっている作業の中から、原価のみを押し上げる諸要素を排除し、有効な仕事に結びつけることに人間の知恵を生かすべきです。

要点BOX

- ムダとは付加価値を高めないものすべて
- 働くとは、工程が進んで仕事ができ上がっていく作業を指す

付加価値を高めず原価を押し上げるムダ

NO!

「働く」と「動く」

働く（仕事）　動く（ムダ）

動くムダの排除

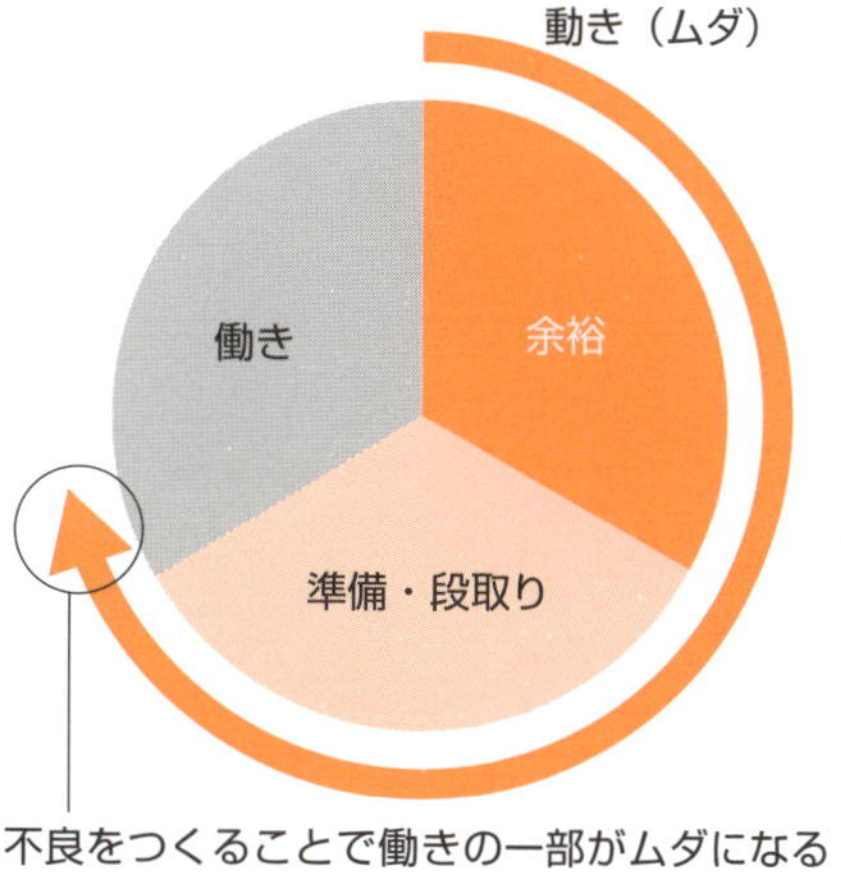
動き（ムダ）
働き
余裕
準備・段取り
不良をつくることで働きの一部がムダになる

楽になって
仕事がはかどる

改善をせずに仕事を増やす → 労働強化

改善によって動きを働きに変える → 合理化

19 生産性を計るものさしと全体最適

少ない人員でムダなくつくることが重要

生産の「能率」とは、一定時間内に何個つくったかを計るものさしで、作業に要した時間と生産量の比を指します。他方、生産の「効率」とは、モノをつくるために出された労働力とモノに付加価値をつけるのに要した労働力との比で、投入した労働力がどれだけムダなく使えているかを表しています。ものさしの使い方を誤ると、正しい評価ができないばかりか、「能率は上がったのに原価も上がった」ということになりかねません。

■見かけの能率

次ページにイメージ絵で表していますが、従来10人で、売りに必要な100個をつくっていたものを、能率向上によって10人で120個つくった場合、20%の能率向上となります。ただし、これは20個のつくり過ぎのムダとなってしまいます。

■真の能率

従来10人で100個つくっていたものを、8人で100個つくれるようになった場合、これが本当の原価低減を実現する能率アップです。人を減らして能率を上げる方法は難しいですが、いかにムダなくつくるかが大切です。

■個々の能率と全体の能率

作業者個々や各工程などの単位で、自らの能率だけを上げようとすることは、工程全体の能率向上につながるとは言えません。ラインおよび工程がそれぞれのレベルで能率を上げ、その結果として全体の能率向上に結びつけることが重要です。そのためには、次ページ下表に示すように工程全体を見渡し、ボトルネックになっている工程を見極め、優先順位をつけながら能率向上に取り組むことを心がけましょう。

このように、全体の能率を高めるためには、工程全体のタクトタイムを短縮し、生産していくことが重要です。

要点BOX

- 能率を上げるために生産量を増やすのは安易
- 工程のボトルネックに手を打つ
- 工程全体のタクトタイム短縮がカギ

見かけの能率と真の能率

ボトルネック工程に手を打つ

当初の作業時間とボトルネックの改善

改善前のボトルネック：工程④（200秒）

	工程①	工程②	工程③	工程④	タクトタイム
改善前加工時間	185秒	195秒	175秒	200秒	200秒
改善後加工時間	185秒	195秒	175秒	180秒	195秒
効果				20秒	5秒

改善後のボトルネック：工程②（195秒）

改善後の作業時間と新たなボトルネックの改善

改善前のボトルネック：工程②（195秒）

	工程①	工程②	工程③	工程④	タクトタイム
改善前加工時間	185秒	195秒	175秒	180秒	195秒
改善後加工時間	185秒	180秒	175秒	180秒	185秒
効果		15秒			10秒

改善後のボトルネック：工程①（185秒）

20 「7つのムダ」の排除

ムダを見抜く目を養う

製造現場において、原価の増大につながる7つのムダがあります。これらを徹底的になくすことで、品質・コスト・納期に対して良い効果が得られます。7つのムダは、それぞれの頭文字を合わせて「かざってとうふ」と覚えましょう。

■(か)加工そのもののムダ

求められる精度や成果物に関係のない加工、もしくは過剰な加工を指します。

■(ざ)在庫のムダ

原材料や仕掛品、さらには製品在庫が多過ぎる状態を指します。

■(つ)つくり過ぎのムダ

必要以上の生産を行うことです。在庫のムダや運搬のムダも誘発させてしまいます。

■(て)手待ちのムダ

人の手待ちのことで、待つ側と待たせる側の非同期や自動化設備での「閑視」で生じます。これには、機械故障で作業ができないムダなども含まれます。

■(と)動作のムダ

不必要な歩行やムリな作業姿勢、判断ミスなど、付加価値を生まないムダな動作を指します。

■(う)運搬のムダ

前後工程が離れているほか、搬送機が運ぶべきところを人間が運んでいるような場合も含みます。

■(ふ)不良をつくるムダ

廃棄しなければいけない不良品や、手直しが必要な製品をつくってしまうことです。

この中で、「つくり過ぎのムダ」は最重点で管理します。つくり過ぎは在庫のムダを生み出し、その在庫を運ぶための運搬のムダにもつながるからです。さらに過剰な在庫は、問題が発生したとき「在庫があるから大丈夫」という油断を招き、品質向上に対する真摯な取り組み姿勢を損なう要因にもなりかねません。

要点BOX

●生産工程における7つのムダを理解しよう
●7つのムダでは、つくり過ぎのムダを最重点管理する

7つのムダ

種類	概要	発見するためのヒント
加工そのもののムダ	求められる精度や成果物に関係ない加工、もしくは過剰な加工	過剰な加工をしていないか
在庫のムダ	原材料、仕掛り、製品の過剰な在庫	予備が多過ぎないか
つくり過ぎのムダ	必要以上につくってしまうこと	工程でつくりだめし過ぎていないか
手待ちのムダ	作業しようとしてもできない状態	手空きになっていないか
動作のムダ	付加価値を生まないムダな動作	上下動作や交差動作はないか
運搬のムダ	不必要な移動や搬送機でできることを人間が行うムダ	なぜそれを運搬しているのか
不良をつくるムダ	廃棄しなければいけない不良品や手直しが必要なモノをつくってしまうこと	手直しをしていないか

つくり過ぎのムダが生み出す新たなムダや本質的問題

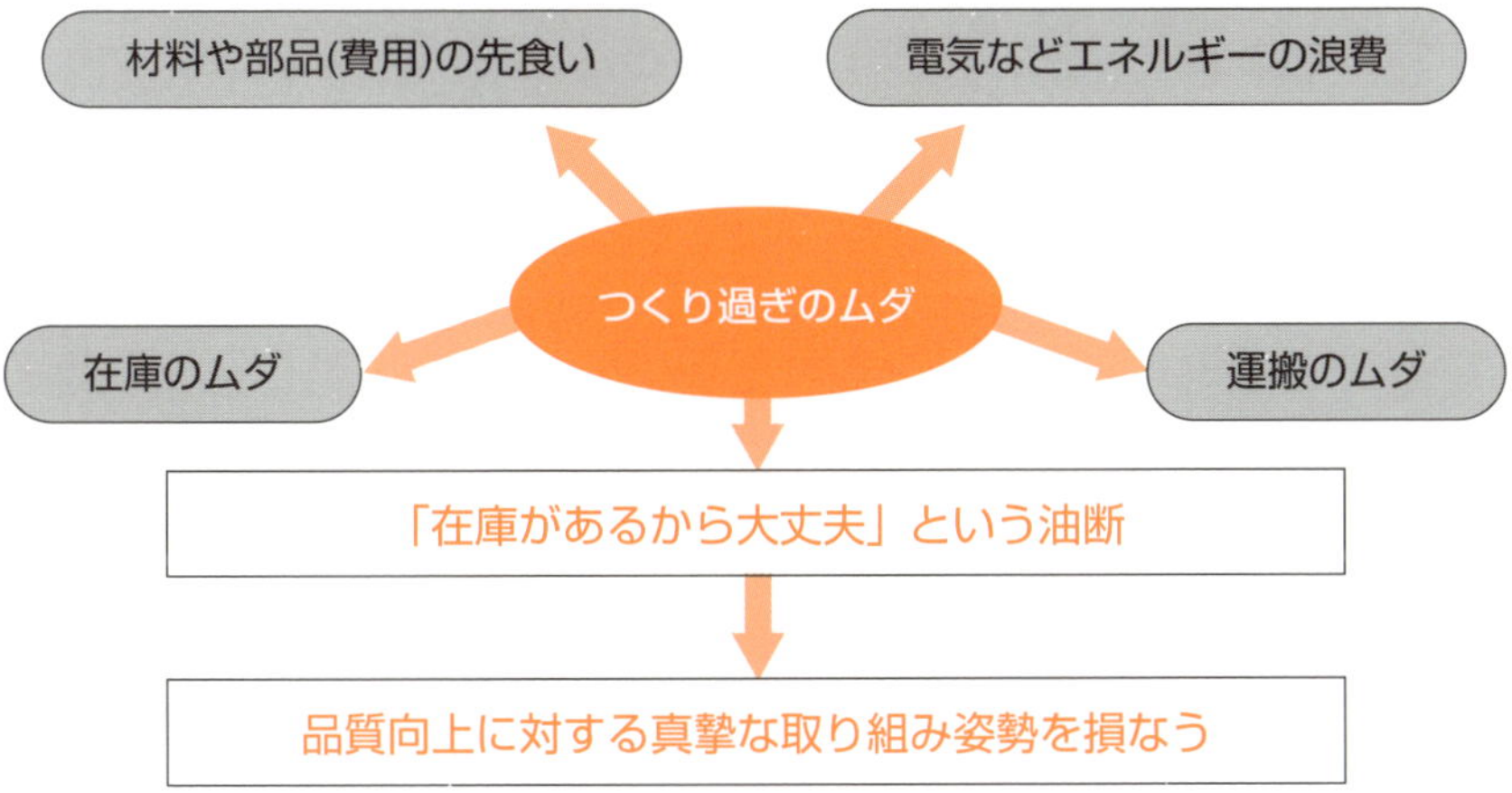

21 現地現物

現地に行かなければ本当の問題は見えない

現地現物は、トヨタの強みであり、伝統であるとも言えます。また、デジタル化が進展している現代においても、現地で現物に触れ、起きている問題を正しく把握することの重要性は変わりません。

しかし、現地現物と言っても、ただ現地に行けばいいわけではありません。漠然と見ているだけでは、問題やムダを見落としてしまいます。現地現物では、先入観を持たず、発生している問題やムダの背後にある真実に目を向けることが重要です。そのために有効な方法をいくつか説明します。

■比べてみる

たとえば作業標準と比べることで、時間がかかり過ぎている作業や、指示通りにできていない作業がわかります。また、類似した工程や他の作業者と比較することも有効です。

■五感でみる

五感とは、視覚・聴覚・嗅覚・味覚・触覚であり、これらをフルに活かして問題をとらえましょう。たとえば、異常が発生している設備では、いつもと違う音が出ている場合があります。触覚では、見た目では気づかない表面のザラツキに気づくかもしれません。

■自らやってみる

自ら作業を行ってみると、問題やムダが発生している原因を知るためのヒントが得られたり、やりにくい作業に気づいたりすることにもつながります。

■鳥の目・虫の目・魚の目

問題が発生した工程に対して、前後工程を含めた役割を俯瞰的に考えてみたり（鳥の目）、逆に問題の発生個所をより細かく観察したり（虫の目）、さまざまな視点から問題をとらえるようにしましょう。また、市場のニーズに合っているのか（魚の目）など、市場や技術の流れを読む視点も現地現物には有効です。

要点BOX

- ●現地現物では、あるがままの事実を実感することが大切
- ●問題やムダの背後に潜む根本原因を発見しよう

現地現物でのものの見方

比べてみる

隣のラインに比べて
ボルトが取り出しにくそうだ

五感でみる

おや?
何か変な音がしているぞ

自らやってみる

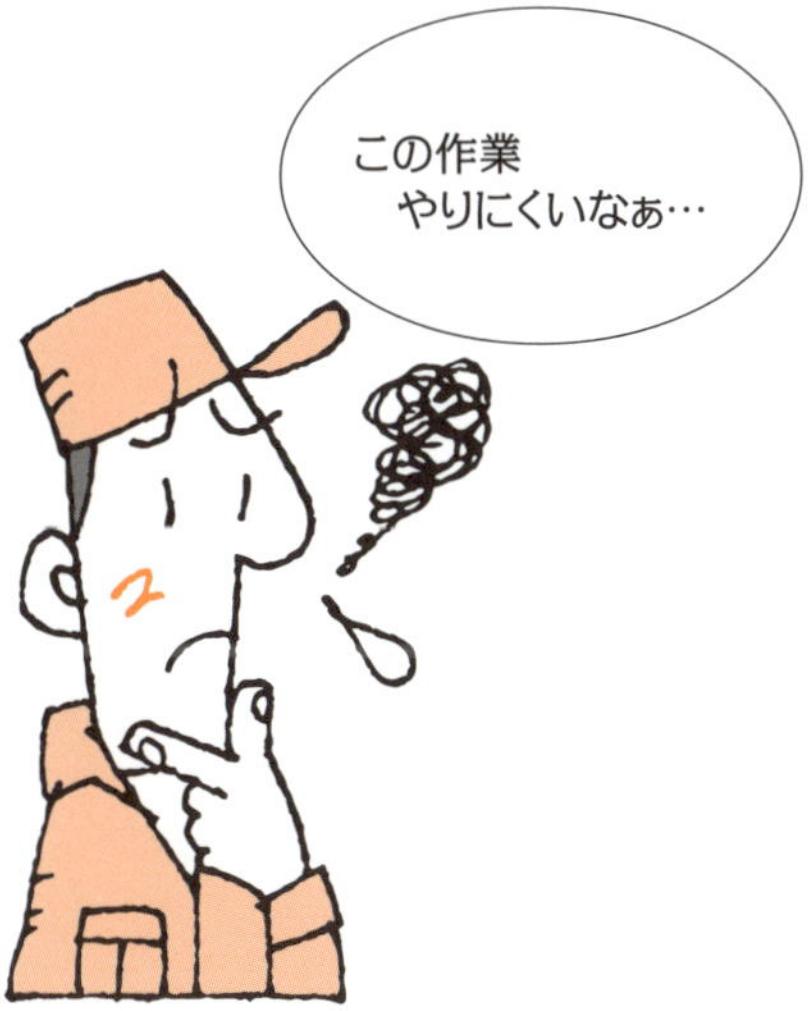
この作業
やりにくいなぁ…

虫の目

このキズはなんだ?

22 改善の考え方「ECRS」

ムダを排除し効率化するための基本的な4つの視点

ムダを取り除くための改善策について考えるとき、知っておくと便利な視点として「ECRS」があります。ECRSとは、なくす・やめる（Eliminate）、一緒にする（Combine）、入れ替える（Rearrange）、簡素化する（Simplify）の頭文字を合わせたもので、この順番に従って改善策を考えていく進め方です。

■なくす・やめる

作業の目的に立ち返って、その作業が本当に必要かどうかを考えます。「そもそも、この作業は何のためにやっているのか」と自問自答したり、周りに聞いたりしましょう。また、作業が始まった経緯を知ることで、今でも本当に必要かどうかが判断しやすくなります。

■一緒にする

複数の工程で同じ作業（たとえば検査など）がある場合に、それらを一緒にするなどが該当します。

■入れ替える

作業の順番や作業する場所など、いくつかのパターンが必ず存在します。

たとえば、部材を固定する順番を入れ替えることで目視スペースを確保するとか、工程間の作業の一部を入れ替え、各工程の作業時間のバラツキを埋め合わせることでラインバランスを改善するなどが挙げられます。

■簡素化する

作業標準を整備して担当者の習熟度に依存しないようにする、もしくはITも活用しながら自動化するというような改善が該当します。

ECRSは、一つひとつを改善の視点として使うこともできますし、複数の視点を組み合わせて使うことも有効です。より良いやり方や改善策を考える際の切り口として、日々の仕事で積極的に活用していきましょう。

要点BOX

- ●作業の目的に立ち返って改善点を考える
- ●実際に作業している人の声を聞き、実行可能な改善策につなげる

改善の視点「ECRS」

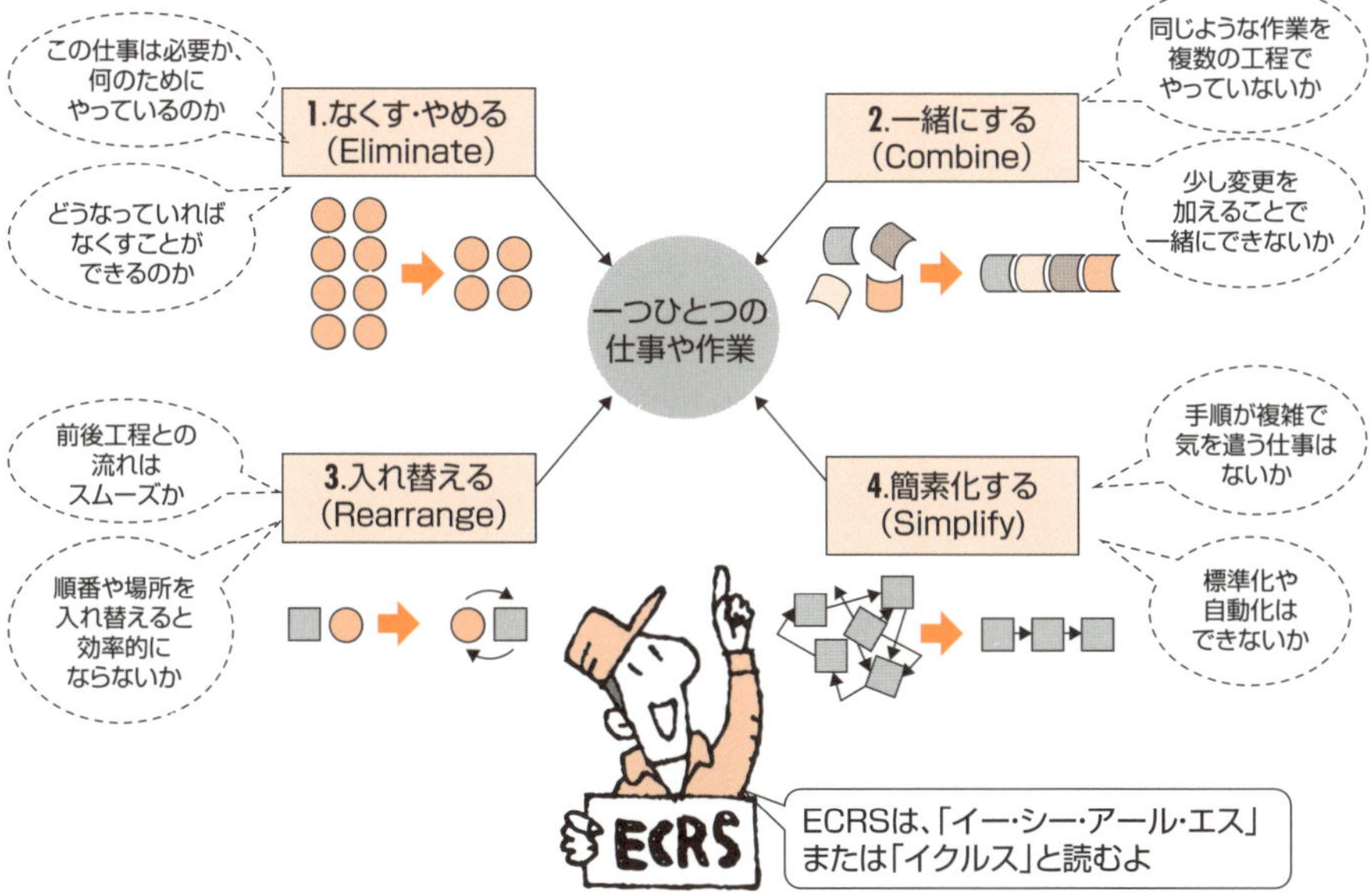
この仕事は必要か、何のためにやっているのか
1.なくす・やめる (Eliminate)
どうなっていればなくすことができるのか
同じような作業を複数の工程でやっていないか
2.一緒にする (Combine)
少し変更を加えることで一緒にできないか
一つひとつの仕事や作業
前後工程との流れはスムーズか
3.入れ替える (Rearrange)
順番や場所を入れ替えると効率的にならないか
手順が複雑で気を遣う仕事はないか
4.簡素化する (Simplify)
標準化や自動化はできないか
ECRS
ECRSは、「イー・シー・アール・エス」または「イクルス」と読むよ

加工と掃除を一体化することで、掃除をなくした事例

木材切削でクズがいっぱい
掃除が大変！何とかならないかな
そもそもクズが落ちなければいいよね！
クズが落ちないよう発生個所で吸引
掃除をなくす！

23 PDCAサイクル

絶え間なく改善を積み重ねていくためのプロセス

改善の計画（Plan）を立て、それに従って実施（Do）し、その結果を確認（Check）して、必要に応じて改善する（Act）という流れのことをPDCAサイクルと呼んでいます。

まずやってみる（Doから始める）やり方は、一見すると楽に思えますが実は非効率です。不十分な計画の下での実施はやり直しが多く、結果として余分な工数が増えてしまいます。

また、やりっぱなしにせず、確認と改善を繰り返すことで、より大きな効果が得られます。

■計画（Plan）

しっかりとした計画を持つことが改善の始まりです。PQCDSMEIの視点から改善目標を決めましょう。目標は、「作業時間10％削減」のように定量的に掲げることで、実施した対策の評価が行いやすくなります。

また、5W2Hの視点で実行計画を具体化しておきます。これにより、Do以降のステップを迷わずに進めることが可能です。

■実施（Do）

決められた実施計画に従って進めます。実施した内容はきちんと履歴を残し、結果のみならず取り組みプロセスを後から評価できるようにしておくとよいでしょう。

■確認（Check）

改善効果を確認します。このとき目標に対する達成度に加えて、うまくいった理由か、もしくはうまくいかなかった理由を残すようにしましょう。

■改善（Act）

目標に対する達成度や、Checkで明らかにした「うまくいった」もしくは「うまくいかなかった」理由をもとに、さらなる改善を行います。現地現物を忘れず、現場で作業しやすい改善になるよう心がけたいものです。

要点BOX

- ●PDCAサイクルで計画的な改善につなげる
- ●改善目標を決定する際にPQCDSMEIの視点は非常に有効

PDCAサイクルを使った改善の進め方

Plan（計画）

○目標を明確にしよう
　作業時間10%削減(年末までに)
○5W2Hの視点で整理してみよう

5W2H	意味	解釈
Why	なぜ	改善の背景・目的
What	何を	改善内容
Who	誰が	担当者
When	いつ、いつまでに	実施時期、期限
Where	どこで	実施場所
How	どのように	改善手段
How much	いくらで	改善費用

Do（実行）

○計画に従い進める
○やった足跡(実績)を残しながら
　柔軟に対応する

報連相を大切に。周りと
連携しながら進めよう

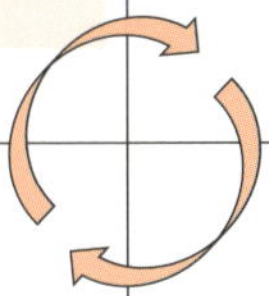

Act（改善）

改善の視点
○うまくいかなかった原因を
　取り除くには？
○さらなる改善につなげるには?

改善に終わりはない！

Check（確認）

○結果の確認
　目標は達成できたのか？
○プロセスの確認
　計画と実績の差を確認
　うまくいった理由、うまくいかなかった
　　理由

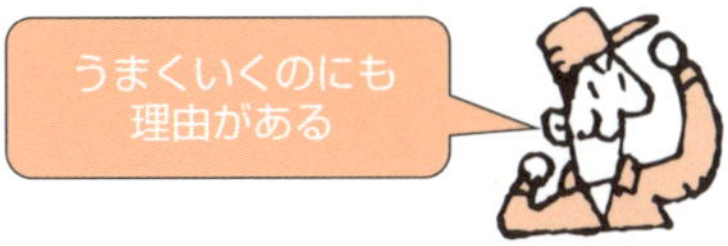
うまくいくのにも
理由がある

PDCAを繰り返しながら
スパイラルアップ

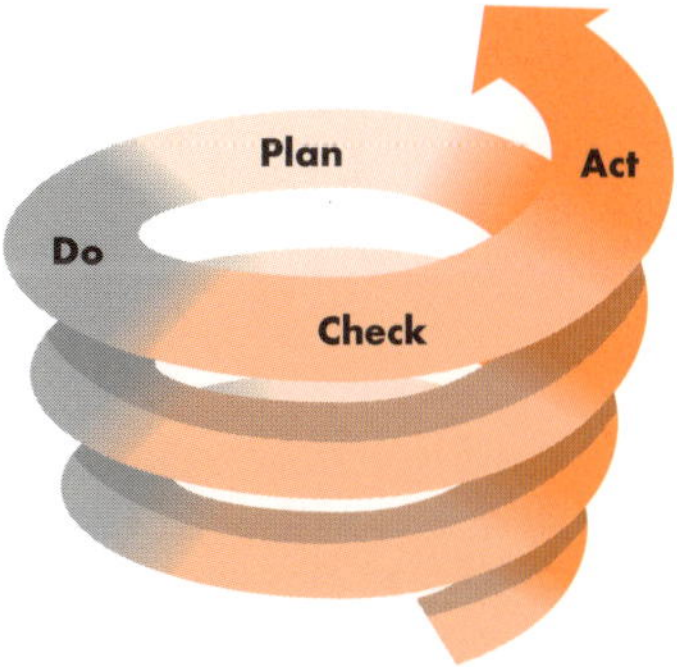
Plan
Act
Do
Check

24 源流対策

問題の根本原因を取り除き、同じ問題を再発させない

源流対策とは、発生した問題に対してその根本原因を突き止め解決を図ることで、同じ問題が再発しないようにする手立てです。

たとえばある塗装工程で、ほこりの付着を原因とする不良が発生したとします。すぐに対策を行う必要があるため、当面の処置として全数検査や作業現場の5Sを実施します。しかし、これらの対策では真の対策にはなりません。それでは、どのように対策を進めればよいでしょうか。

■問題を明らかにする

どこで、ほこりの付着が最も多く発生しているかを調べます。具体的には、不良の全数に対してラインや工程別の発生状況の違いを調べ、不良が出やすい個所を特定します。

■根本原因を明らかにする

特定した発生個所に対して、どのように塗装工程に混入したのか、現地現物で調査します。フィルターや換気システムなど考えられる発生個所に対し、起こり得る原因を想像しながら仮説を立て、ほこりの侵入や付着について検証していきます。

■対策を実行する

突き止めた根本原因に対して対策を考えます。同じ問題を再発させないための対策を具体化することが大切です。

■効果を確認する

実施した対策により、当初の目的が達成できたかどうかを確認します。

これらのステップをスムーズに進めるために、58項で紹介する「問題解決の道筋」も参照してください。旭硝子（現ＡＧＣ）の創業者、岩崎俊弥氏の言葉に「易きになじまず難き（かたき）につく」があります。この言に学んで、表面的で安易な対症療法ではなく、難易度は高くても根本対策となるよう、現地現物で粘り強く改善を進めるとよいでしょう。

要点BOX

- 安易な対症療法ではなく、根本原因を取り除く
- 源流対策を他の工程にも取り入れ、問題を未然に防ぐ

源流対策の進め方

発生している問題

根本原因

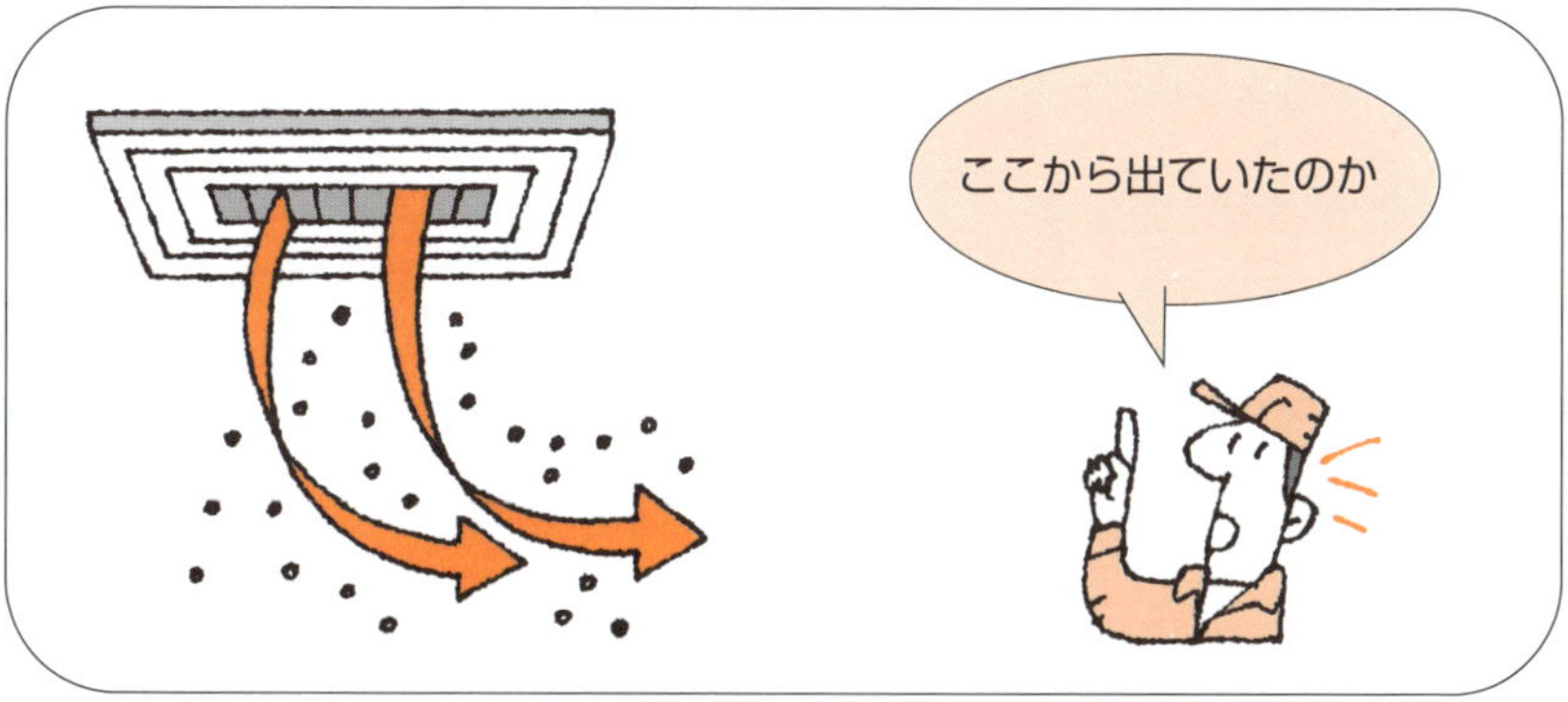

源流対策のポイント

○根本原因に手を打つ
○同じ問題を再発させないための根本対策を行う
○チームで対策を実行する
（問題の発生個所と根本原因の個所は、責任者が異なる場合が多いため）

用語解説

源流：問題の発生源や本質的な原因のこと

Column

新7つのムダ

本章では、ムダの代表例としてトヨタ生産方式の生みの親である大野耐一氏の著書を参考に、「7つのムダ」を紹介しました。ところが、大野氏はこんなことも口にしています。

「私は7種類というつもりで言ったのではなく、ムダは癖と一緒で、おれには癖がないと思っていても『なくて七癖』と言って、7つぐらいの癖は残っているんだぞ。だから、もうムダは退治したと思っても、まだほかに7つや8つはゴロゴロしている」

「7つのムダ」以外に考えられるムダについて、いくつか図示してみました。現代では、製造現場においてもデジタル技術の活用が進んでいます。便利になった一方で、そこに新しいムダが発生していないかどうか、ぜひ考えるきっかけとしてください。

情報のムダ
10個?
1個
指示の間違い、情報過多で非効率
管理・監督のムダ
管理者が多く各方面からの指示のムダ
産業廃棄物をつくるムダ
つくった機械が廃棄物で処理に手間・ヒマ・金がかかる
検査のムダ
また検査?
検査で品質は良くならない、多段階検査のムダ
工数(時間)のムダ
工程直結ができず、またタイミング上発生するムダ
スペースのムダ
広過ぎる、空スペース、空間のムダ
劣化のムダ
3月
18
3/15
食品の消費・賞味期限で発生するムダ

第4章

作業改善の進め方

作業改善には基本的な考え方と手法があります。現状を時間と動作の面から正しく把握することで、問題個所がクローズアップされてきます。その中で重要なものから優先的に改善案を検討し、実施していくとよいでしょう。

改善を長期的に活発化し、効果あるものにするためには、工程分析・稼働分析・動作研究・時間研究の４つの基本手法を正しく理解し活用することが、最も重要です。

25 改善とは何か？

「ムダ取り」である

改善とは、ムダ（不要）なものを除き、価値のある動作や時間を増やすことです。〝改善〟と似た言葉に〝改良〟がありますが、どこが違うのでしょうか。考え方の一つとして、〝改善〟は頭を使って（金を使わずに）良くすることで、〝改良〟は金を使って良くすることと言えるのではないでしょうか。〝改善〟の主なものは、以下に示す①〜⑤の5項目があります。

①「ムダ取り」である

トヨタ生産方式の創始者である大野耐一氏は、ムダ取りの大切さを教えるため、現場に立たせ〝ムダに気づく人づくり〟を重視しました。私たちの周りには、作業を行う中で価値を生まないムダな作業がいっぱいあります。1円も使わず作業方法や手順を変えたら、今までの要員4人が3人でできるようになり、また原価が下がる例が数多くありました。

②からくり活用などでの賢い省力化

電力などの動力を使用せず、重力などを利用する「からくり」などの技術を組み合わせることで、金をかけずに生産性を高める方法です。

③大変と小変の組み合わせ

現地現物でモノを見て、小さな改善の徹底した繰り返しにより、金をかけない改善が時には思いがけず大きな改善（大変）につながることがあります。

④改善はいつでも誰でもできる人類最大の武器

改善は、人類のみに与えられた発展への知恵です。

⑤企業体質強化

左図に示すように、改善を繰り返す中で良い改善を褒め（良い風土）、コスト改善を繰り返すことで現場力向上→人材育成→組織力向上へとつなげます。『進化論』で有名なチャールズ・ダーウィンの言葉に、「この世に生きる者は、最も強い者でもない、最も賢い者でもない、変われる者のみが生き残る」とあります。私たちの厳しい企業競争の中でも、常に改善し、変化向上できる者のみが生き残るのです。

要点BOX

- ●改善のできる人づくりを広げる
- ●改善はいつでも誰でもできるからこそ、人類最大の武器と言われる

改善とは何か

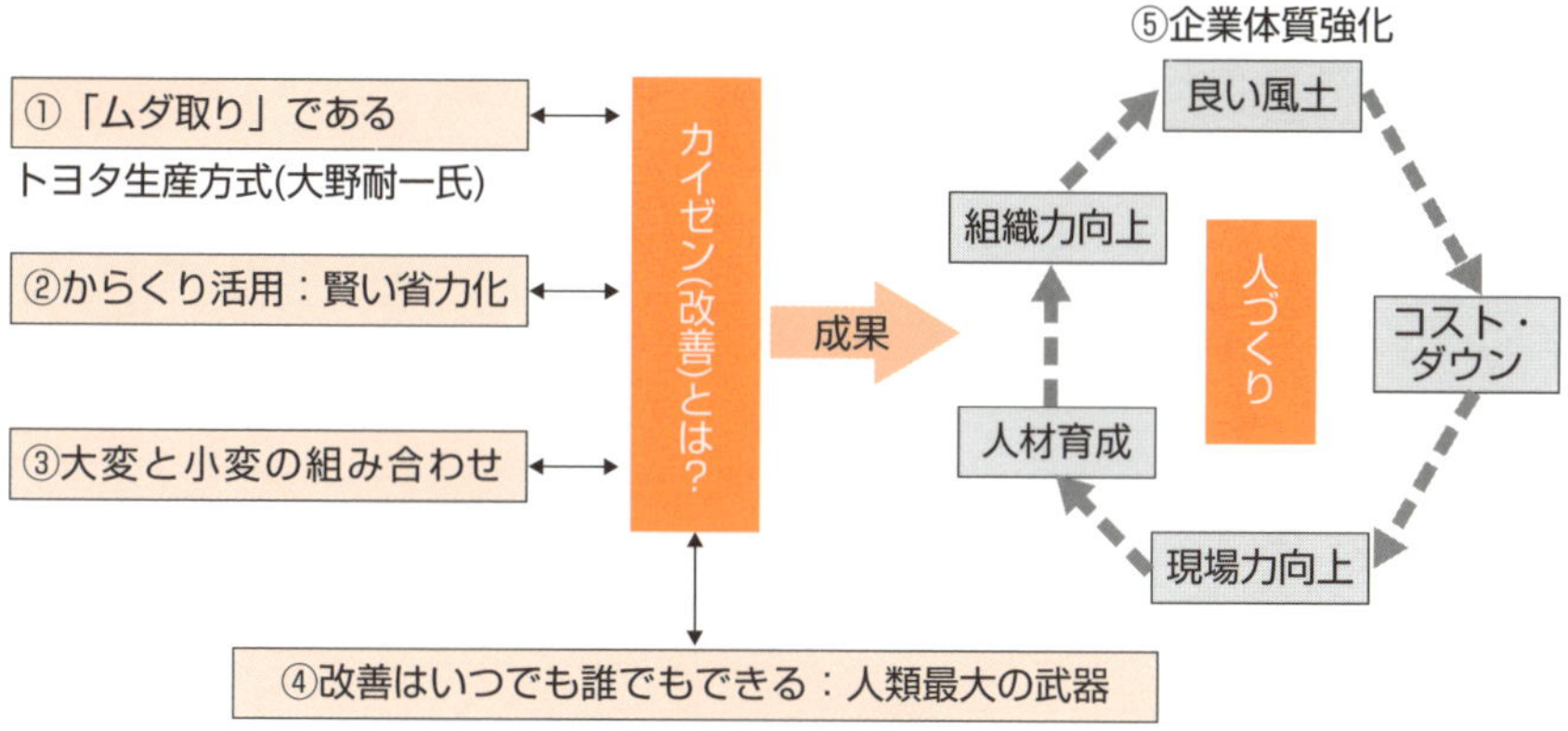

[進化論]
チャールズ・ダーウィン

「この世に生き残る者は、最も強い者でもない、最も賢い者でもない。
変われる者のみが生き残る」

丸描いてチョン！

26 改善には優先順がある

まず作業改善、次に設備改善し工程改善へ

生産性が30％向上するとの触れ込みで新鋭設備を購入するも、困ったことにその設備にふさわしい改善ができず、思ったほど生産性が上がらないことが多々起きます。そこで、まずは費用のかからない作業改善を徹底的に行った後、知恵を加えた設備改善・レイアウト改善の順で行うことが肝要です。

①徹底的な金のかからない〝作業改善〟

現在の旧式設備でも、ちょっとした工夫で仕事がしやすく、安全作業ができるようになると生産性は向上します。治工具やモノの置き方、動作が容易な作業手順への変更や適切な訓練により、出来高は大きく変わってきます。この改善のヒントに、110年以上前に考えられた〝動作経済の原則〟があり、作業改善に向けてこれを徹底的に活用すべきです。

②最小限の設備改善

金のかからない作業改善をやり尽くした後、給材・集材装置などの簡単な自動化や、より安価な投資による〝からくり技術〟などの活用で生産性の向上が期待できます。現場作業者が知恵を使った金を使わない設備改善により、省力やコスト低減などの大きな成果を得ると、改善活動を行うことに自信がつきます。その結果、次回の設備導入時に、まず作業しにくいところや不安全個所などの問題点が目につき、さらなる改善が期待できるようになります。

③最後に工程およびレイアウトの改善

ＩＥ手法の基本である工程分析を実施すると、工程間のバランスが悪く、工程前に在庫が滞留する個所や、手待ちが多く発生する工程が見えてきます。これらの工程の問題となる要因が、工程能力不足なのか、不適切なレイアウトによる運搬作業発生によるものか、直行率が低いことによる余分な作業発生かがわかってきます。これらを設備能力分析・余力分析・経路分析などの付帯分析により、問題個所を重点的に改善していくのです。

要点BOX

- ●作業改善で大切なことは、まず金をかけない改善を徹底的にやること
- ●人の作業改善をやり尽くしてから設備改善へ

作業改善から設備改善

金のかからない[作業改善]を
徹底的に行った後、
[設備改善]を行うべき!

徹底的な作業改善

↓

設備改善

ゼロを１つ取れ！

見積書
設備改善
合計 1,000万円
①この設備を入れると大幅に出来高が増えます
②そんなら見積書持ってこい！
③これが見積書です
④ゼロを１つ取れ！
⑤こんな値段ではとてもできません！
⑥オマエは占い師にでもなったつもりか？
<現場担当>
<大野耐一氏>

大野氏は見積書の合計額から「ゼロを１つ取れ！」と言う
一見すると無茶な指示のようだが「やればできる」ということを教えてくれる

できるまで許してもらえず…ようやくできると、

⑦ほら、できただろう

…の一言

27 IEとは

ムダのない仕組みを見出す科学的手法

1910年代初頭に、IE（Industrial Engineering）の基本となる〝動作研究・時間研究〟が実践とともに理論として発表されました。その後ホーソン工場の実験で知られる〝行動科学〟の進展や品質管理の活用、統計学の導入などでIEの領域は拡大していきました。

①IEの歴史と確実な成果を出すための留意点

近年、IEを活用する企業の中には、その基礎となる作業研究（工程分析・稼働分析・動作研究・時間研究）を十分に理解することなく、統計学やITに頼り過ぎている傾向が多く見られます。その結果、IE実践による十分な改善効果を得るには至っていません。

②拡大されるIE領域の中での方向性

最近のIEの改善手法は、動画活用により稼働分析や時間測定も容易になりました。また、経営層のニーズにより「予算・原価統制」「職務評価」「OR」などの各分野の活用が広がっています。しかし、本来の目的はムダの本質を確実にとらえ、全体システムの最適解を提案・実践することです。

そこで、IEの基本となる現地現物を自分たちの目と足を使って観察し、問題点に気づく感受性を磨くことを怠ってはいけません。

③IE活用のメリットと考慮すべき点

メリットには、記号化・図表化などで事実を定量化し〝見える化〟することで、誰でも同じような成果を得ることにあります。そこでIEを活用する際、重視すべきことには次のような点があります。

1）工程分析・稼働分析などの手法に基づき、全体を粗く把握する
2）問題の重点を動作・時間研究で掘り下げていく
3）改善点をQC手法などでグラフ化・定量化
4）工程全体のバランスを考え、改善重点から順にECRSの考え方などを活用して改善

要点BOX
●IEの基本は工程分析・稼働分析などの作業研究が柱
●IEは新分野を吸収し、年々拡大発展する

IEの発展

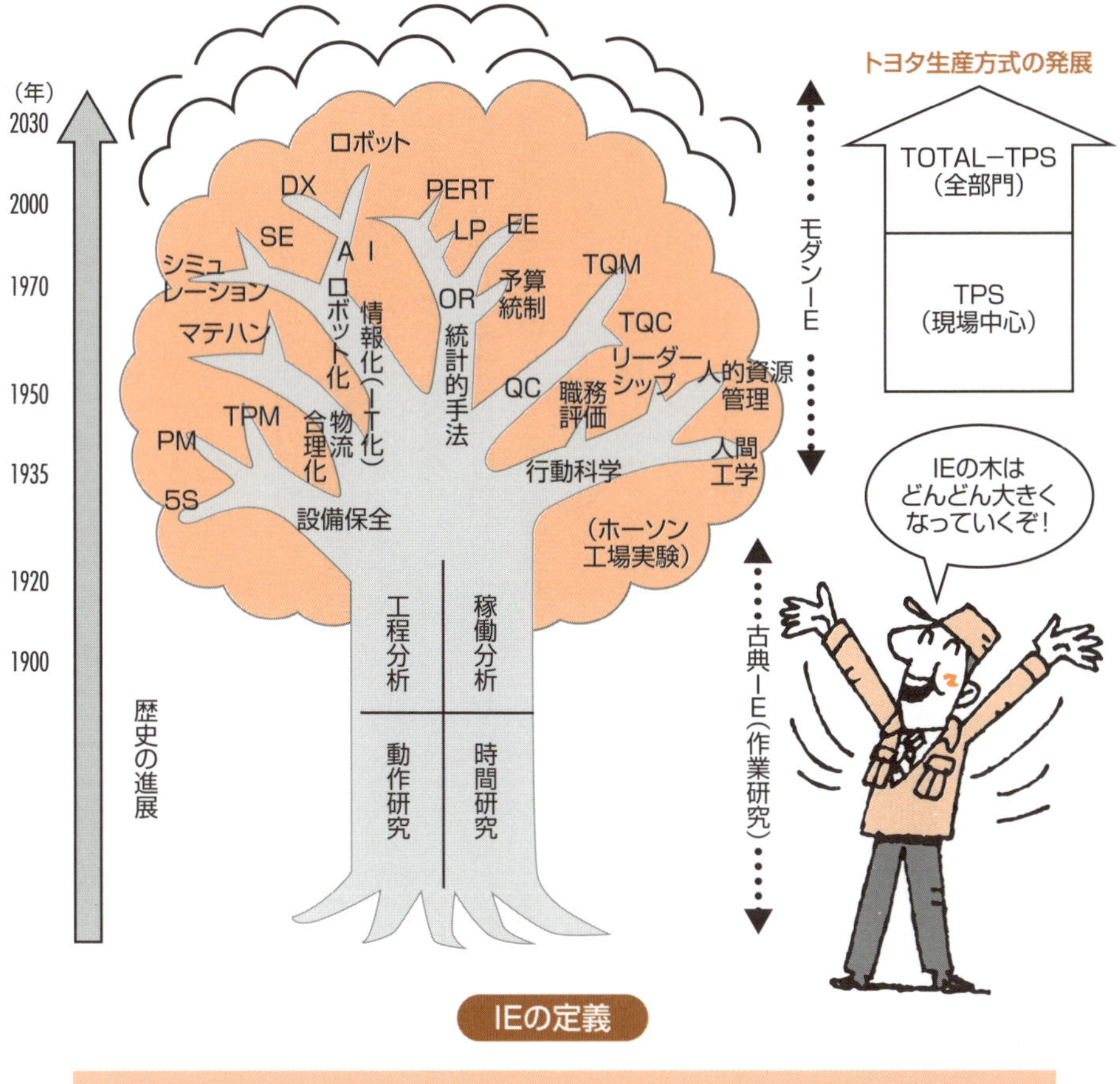

IEの定義

IEは人と資材と設備の統合的システムの設計、改善および実施に関与する。その際IEは、そのシステムから得られる結果を明確にし、その結果を予測し、評価するために、工学的な解析と設計の原理と手法、ならびに数学・自然科学・社会系諸科学に関する専門的な知識・技能を適用する。

・・・アメリカIE協会定義

用語解説

作業研究の基本4本柱：工程分析、稼働分析、動作研究、時間研究のことを指す

28 作業改善の手順

基本は自分の職場にどんな問題があるかをまずつかむ

トヨタ生産方式における現場改善の目的はC（原価低減）・Q（品質向上）・D（リードタイム短縮）がありますが、まずは原価低減であり、その主体は人の働きに関する工数低減です。工数低減は、より効果的な仕事の割合を増やし、原価低減に結びつけるものです。工数低減活動を進めるときの判断基準は、「これで原価が安くなるか？」をものさしにします。そこで改善の手順では、まず「問題は何か」をあらゆる方向から検討し、その中で会社方針に合った「改善重点」を各部門が徹底改善することが大切です。

問題発見の切り口には、左図に示す①PQCDSMEIの現場8大任務からと、②4M（作業者・設備・モノ・方法）、そして③各ムダの考え方があり、それぞれチェックリストを活用して問題点を洗い出す手順に添うと効果的です。

現状分析では、工程分析、稼働分析と動作・時間研究などがあり、それほど難しくないため活用をお勧めします。なおこの現状分析では、作業が各工程でどのように行われているかを、5W2Hを明確にしつつ進めることが求められます。

すなわち5W2Hでは、各工程別に「Who誰が（主体）」「Why 何のために（目的）」「What 何を（客体）」「Whereどこで（場所）」「When いつ（時間）」「How どうして（方法）」「How much（いくらで）」を明確にすることで、問題点がよく見えてきます。そして「改善重点」をチーム全体で合意の上、「改善の原則」に則り、徹底的に改善具体案を創出します。その中で費用対効果を考え、できるだけ費用のかからない、かつ効果大のものから改善具体案を実施していくとよいでしょう。

改善検討では、改善の原則（目的追求・好適化・機械化・標準化）に則り、改善の適切なアイデア発想法活用などが重要です。その上で費用対効果を考慮した上での実施が必要です。

要点BOX

- ●問題点の洗い出しにチェックリストを活用
- ●改善課題の中から改善重点を絞り徹底改善
- ●効果的改善案創出のためには定石がある

作業改善の手順

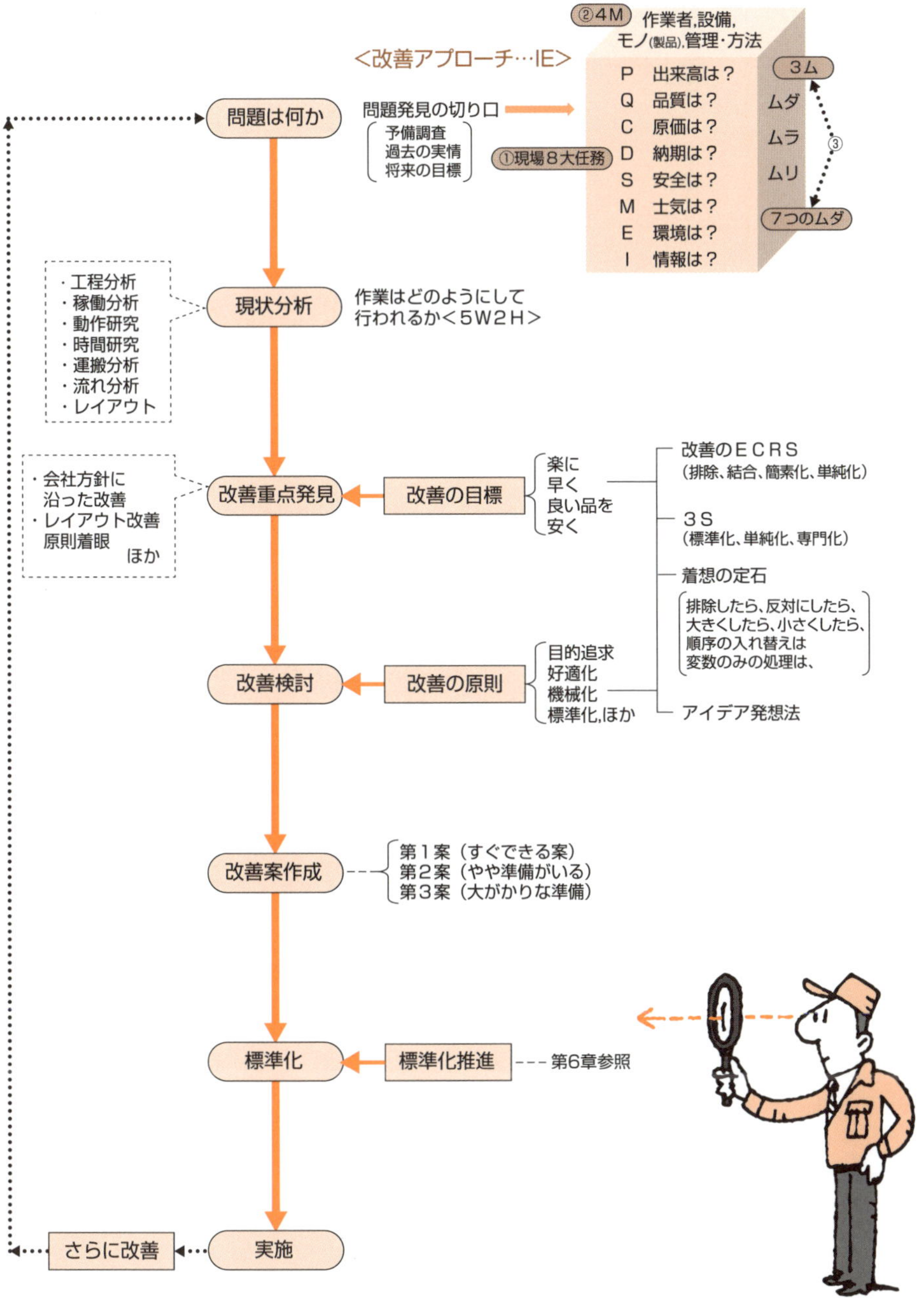

<改善アプローチ…IE>
問題は何か
問題発見の切り口
予備調査
過去の実情
将来の目標
①現場８大任務
②４M 作業者,設備,モノ(製品),管理・方法
P 出来高は？
Q 品質は？
C 原価は？
D 納期は？
S 安全は？
M 士気は？
E 環境は？
I 情報は？
３ム
ムダ
ムラ
ムリ
③
７つのムダ
現状分析
・工程分析
・稼働分析
・動作研究
・時間研究
・運搬分析
・流れ分析
・レイアウト
作業はどのようにして行われるか<５W２H>
改善重点発見
・会社方針に沿った改善
・レイアウト改善原則着眼
ほか
改善の目標
楽に
早く
良い品を
安く
改善のＥＣＲＳ
(排除、結合、簡素化、単純化)
３Ｓ
(標準化、単純化、専門化)
着想の定石
排除したら、反対にしたら、大きくしたら、小さくしたら、順序の入れ替えは
変数のみの処理は、
改善検討
改善の原則
目的追求
好適化
機械化
標準化,ほか
アイデア発想法
改善案作成
第１案（すぐできる案）
第２案（やや準備がいる）
第３案（大がかりな準備）
標準化
標準化推進
第6章参照
実施
さらに改善

29 現状分析① 工程・稼働分析

効果的に改善の重点を発見する方法

私たちは、人生でも仕事でも明確な目標があると、その達成のためにいろいろ考え、問題点に気づくようになります。「良い会社」と言われるところでは、社員が明確な目標を持ち、常日頃から「改善に気づく人づくり」を行っています。

IEの基本（作業研究）を左図に示します。4つの基本手法（工程分析・稼働分析と動作研究・時間研究）があります。ここでは工程分析・稼働分析での分析の仕方・改善ポイントのつかみ方を述べます。

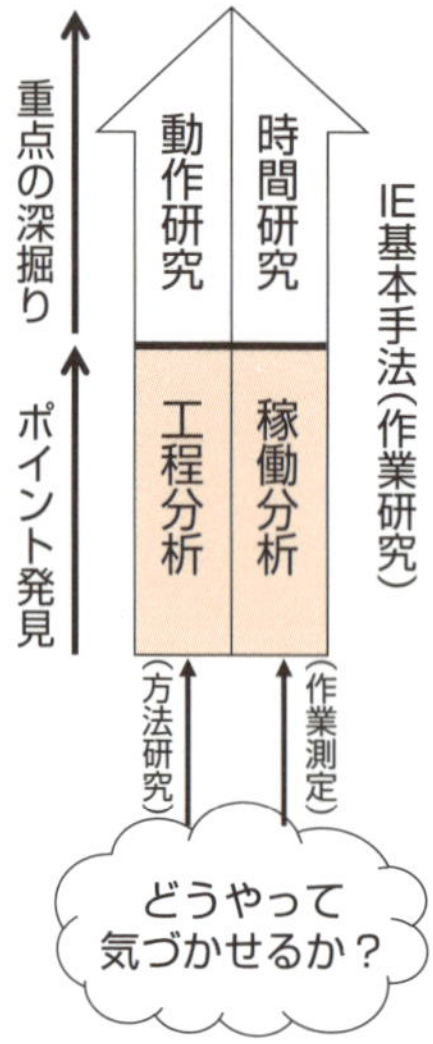

(1)工程分析

工程分析とは、製品がどのような工程を流れていくかを調査し、改善点を発見する方法です。各工程の作業を内容別に分類すると、主な区分には加工・運搬・検査・停滞の4区分しかありません。

この4区分において、付加価値を生む工程は「加工」だけで、しかも加工の割合は各社の製造日数（時間的割合）調査結果では全体の2～3％程度しかありません。そこで改善の焦点は運搬・検査・停滞で占める97～98％に的が絞られ、その中でも90％強を占める停滞の削減が主要テーマとなります。

(2)稼働分析

稼働分析とは、作業内容を要素作業別（材料取り付け、図面確認など）に区分し、その時間的割合を調査して不要な作業を優先的に削減する方法です。代表的な方法にワークサンプリング（W・S）があります。W・Sの調査は、稼働分析用紙に出現する要素作業を事前に洗い出し、次ページ下表に示す方法で調査結果を記録してデータ収集を行います。

要点BOX

- ●IEの基本手法（工程分析・稼働分析）の理解
- ●データが改善ポイントを教えてくれる
- ●全工程時間の90％強を占める停滞が改善重点

工程分析事例

工程の説明	距離(m)	時間(秒)	工程記号 加工	運搬	停滞	検査	備考
寸法検査		3	○	⇨	▽	◇	
台車で運搬(検査場へ)	25	30	○	⇨	▽	◇	
仕掛品置き場		3時間	○	⇨	▽	◇	
作業台まで運搬	10	15	○	⇨	▽	◇	
検査(マーキング)		3	○	⇨	▽	◇	
台車で運搬(倉庫へ)	25	30	○	⇨	▽	◇	
仕掛品置き場		3日	○	⇨	▽	◇	
台車で運搬(作業台へ)	10	15	○	⇨	▽	◇	
梱包作業		5	○	⇨	▽	◇	
台車で運搬(受入へ=外注出し)	15	25	○	⇨	▽	◇	
仕掛品置き場		3時間	○	⇨	▽	◇	

工程分析の基本記号

記号		定義
加工	○	原料、材料、部品、製品が工程に従って物理的、または化学的に変化を受ける状態(後工程の準備も含む)
運搬	⇨(設備) または ○(人力)	対象物がある位置から他の位置へ移動される場合の状態。通常、設備器具運搬は⇨、人手運搬は○で表す
検査	□(数量) または ◇(品質)	製品などを何らかの方法で監視・測定し、その結果を基準と比較して合否を判定すること
停滞	▽(長時間) または ▼(一時)	製品などが停止または貯蔵されている状態を意味する

稼働分析(W・S)用紙

作業		要素作業	8:15	8:45	915		13:15
主体作業	主	·穴あけ(操作中)	丅	正	𤴓		下
	付随	·材料取り付け、取り外し ·測定(検査、記入) ·図面確認 ·切りくず掃除、バリ取り	一 一 一	一 一 一 	丅 一		丅 一 一
準備付帯		·準備、段取り ·ドリル型替え ·片付け、後始末 ·刃物のチェック	丅 一 	 一 	一 		一
余裕		·点検、保全 ·故障、修理 ·朝礼、昼礼 ·作業指導 ·5S ·打ち合わせ ·事務処理 ·トイレ	 一 一 	 一 一 	 一 一		一 一
その他		·不在	一				

*W・S観測結果の整理は32項の図表を参照

30 現状分析② 動作研究

「動作経済の原則」で改善に気づく人づくりが重要

(1)動作研究(Motion Study)

F・Bギルブレスが開発したもので、作業の緒要素をより細かく分析し、不要な要素作業を見やすくして削減する方法です。多くの場合、工程分析・稼働分析で大まかな改善点を見つけ、そこをさらに重点改善する際に動作研究での詳細分析が適用されます。

(2)動作研究の詳細分析

動作研究の分析技術には、主に動作経済の原則やサーブリッグ分析、そして動画分析があります。

①動作経済の原則

今から110年以上前にギルブレスが動作の基本的改善着眼をまとめたもので、現在でも細かな作業改善のヒント集として使われています。

②サーブリック分析

人の動作(要素作業)を、最も細かな単位で左手・右手・目に分けて分析し、不要作業を改善します。

たとえば目は、探す(⊖)、見出す(◉)の単位で区分し、手の作業は空手移動(◡)、運ぶ(⊙)、選ぶ(→)、保持(∩)などの作業に記号区分し、不要作業から優先的に改善していく方法です。

③動画分析

手軽にスマホやタブレットで撮影できるため、多くの職場で活用されています。

1)マイクロモーション

スピードの速い作業を1秒60コマで録画し、ゆっくり分析(スローモーション)しながら改善点を発見します。

2)メモモーション

長時間の観測が必要な作業を1秒1コマで映し、1秒16コマで早回しで見ると作業者の頻繁で、かつ広範囲での動きがよくわかります。

また、動画分析には前記1)と2)の機能も活用でき、作業改善の検討によく活用されています。

要点BOX

- ●良い動作と悪い(付加価値のない)動作がある
- ●動作は、動画を利用した微細動作改善が有効である

動作経済のチェックリスト

	改善のチェックポイント	改善項目
人体使用の原則	①両手は、同時に動かし始めて同時に終わる。手を遊ばせない ②両手は同時にかつ反対・対称の方向に動かす ③使用する身体部分を最小範囲にする ④不安定な姿勢や身体の上下移動を避ける ⑤連続曲線運動は急激な方向変換を避け、円滑な連続動作にする ⑥大きな力を要する作業にはモノの力を利用する ⑦注意力を少なくし、動作が容易に行えるようにする ⑧動作に周期性を持たせ、自然なリズムをつける	
設備配置の原則	①材料や工具は作業者の周辺に、できるだけ前面に配置する ②材料や工具はすべて一定の位置に用意する ③モノの移動は上下移動を避け、水平移動にする ④品物の移動には重力を利用する ⑤材料や工具は動作に最も都合の良い位置に置く ⑥高さ調節可能な、できるだけ安楽なイスを使用する ⑦機械の操作部分や作業台などの高さは、作業の性質や作業者の身長に適したものにする ⑧作業の性質に適した良い照明が十分なものとする	
工具・設備設計の原則	①手で機械や取付具を操作したり、材料や器具を保持したりする動作はなるべく避ける ②1つの道具しか使用しない作業では、それに適した専用の道具を用いる ③2つ以上の工具を使用する場合には、なるべく工具を組み合わせて1つにする ④工具類は使いやすく、疲労の少ないものを用いる ⑤機械は安定した姿勢で操作でき、しかも動作の順序に適合するようにレバーやハンドルなどの位置を決める	

31 現状分析③ 時間研究

"時間"は問題点の評価と改善の効果を測定する重要な尺度

(1)作業測定と時間研究

ＩＥの改善技術には、大きく分けて方法研究（Method Engineering）と作業測定（Work Measurement）があります。方法研究は、先に述べた工程分析・動作研究による標準設定と、さらにより良い方式や工程系列発見のための分析技法です。

もう一方の作業測定は、時間研究を主体としたムダ排除による作業時間の有効性を高める測定技術です。一般的には作業測定の主な手法である「ストップウォッチによる時間研究」を中心に、標準時間の設定が行われます。

(2)時間研究

仕事は、何らかの方法で評価することが必要です。仕事を評価するためには、改善前と改善後を定量的に評価する必要があり、その尺度として最も好都合なのが仕事の所要"時間"です。時間研究では、先に述べたストップウォッチによる方法が最も一般的ですが、スマホの普及で動画での撮影が手軽になり、多くの企業で観測手段として活用されています。

(3)標準時間(Standard time)

標準時間の3要素は以下の通りです。

①作業者→その作業に適性があり、習熟している

②方法・条件→決められた作業方法・条件・設備

③スピード→必要な余裕率設定の下、標準的な努力で一定の仕事を行うのに必要な時間

標準時間設定は、その目的と会社・職場のレベルにより異なります。一般的には初期段階では「標準資料」を活用する方法と、「経験値で見積り」の方法があり、さらに上位の段階になると「ストップウォッチの観測結果」と「ワークサンプリング結果」で設定されますが、この方法が最も多く活用されています。さらに精度の高い標準時間が必要なときに、既定時間法と言われるＰＴＳ法が活用され、精度の高い標準時間設定が可能となります。

要点BOX

- 標準時間の効果的活用が重要
- 標準時間設定後には定期的に改善・見直しが必要

標準時間設定に用いられる手法と特徴

手法名	適用作業の性質	精度	余裕時間の付加	レイティング[*1]の必要性
ストップウォッチ法	作業要素が反復して現れる作業全般、特にサイクル作業に適している	中	要	有(レイティングで精度左右される)
ワークサンプリング法 連続稼働分析法	周期の長い作業、非サイクル作業、組作業、間接部門の仕事など(なお、余裕率の見積りにはこの手法が主に用いられる)	やや低	不要	無
PTS(既定時間標準)法	短いサイクル作業(30秒以下)で、繰り返しの多い作業(客観性が高い)	高	—	無
標準資料法	部分的に同じ要素作業の発生が多い場合とか、扱い品の大きさ、重さ、材料など主として物理的性質によって時間値が決まる作業に適する	やや低	要	無
経験見積法	作業周期が長く、作業内容が不確定で類似作業の経験値がすでにある場合に用いる	低	不要	無
動画分析	短いサイクルで頻度の高い作業(マイクロモーション) 長時間にわたる作業・非サイクル作業(メモモーション)	高	要	有

＊1: レイティング…実際観測したときの動作が早過ぎれば、ある基準に基づき遅めに数値を補正すること

標準時間の設定と活用のサイクル

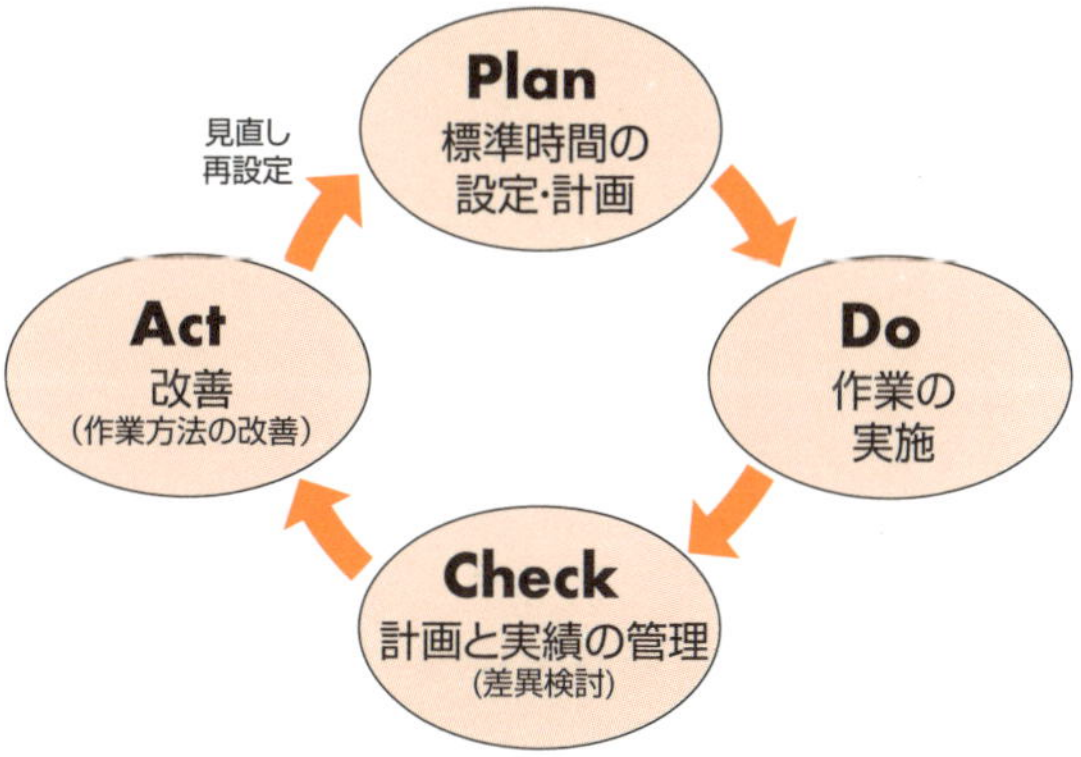

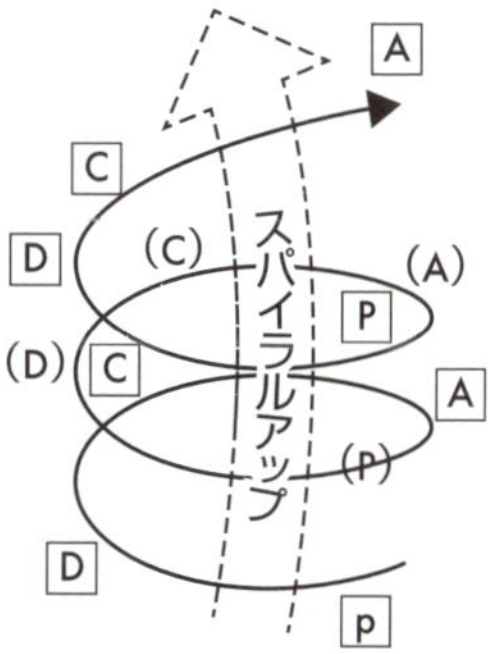

32 改善の重点発見と優先的改善の方法

改善の重点を明確にする

作業の現状を工程分析・稼働分析で調査すると、どこを改善すればいいか改善ポイントが見えてきます。たとえば工程分析では、設備前の在庫の多い（材料停滞）個所や運搬の長さ・多さであり、稼働分析では余裕に分類される作業項目と、付随・付帯作業の中で作業比率の高い要素作業の削減です。

この現状分析結果から改善すべきテーマは何か探していくことになります。この場合、多方面からメスを入れて重要な改善課題をクローズアップしますが、その方法には次のような方法があります。

①現場8大任務から見たら何が問題か？

（P）出来高・生産性は？（Q）品質は？（C）原価は？（D）納期・量は？（S）安全性は？（M）やる気は？（E）作業環境は？（I）情報伝達・精度は？

②4Mから見たら何が問題か？

4MすなわちMan（人）、Machine（設備）、Material（材料）、Method（管理・方法）から見たら何が問題か？

③ムダの見方からは何が問題か？

3ム（ムダ・ムラ・ムリ）およびトヨタの7つのムダから見たら何が問題か？　から切り込みます。

以上、これらの問題の大きさを極力定量化できるものは定量化し、重要改善テーマをあぶり出します。

改善重点には会社全体で取り組むものと、チームまたは個人で取り組むものなどがあります。それぞれ改善目標を明確にし、「良い品を」「楽に」「早く」「安く」つくるを目標に進めることが求められます。

各テーマの改善案は1つというのではなく、できるだけ1つのテーマについて3案を作成し、比較検討することが良い結果につながります。第1案（費用の極力かからないもの）、第2案（費用も少しかかるが効果もそれなりに大きい）、第3案（費用大であるが効果も大きい）に分けての提案が望まれます。

要点BOX

- 工程分析・稼働分析によって改善効果が大きい個所を押さえる
- 改善重点を動作・時間研究の各手法で掘り下げ

改善重点の目のつけどころ

1. 工程分析と製造リードタイム

工程分析で主要工程のフロー（流れ）を見える化し、どの工程がネック（材料が溜まる）になるか明確にします
ネック工程となる重要度の高いところから重点的に改善を実施します

2. 稼働分析（W·S）結果整理での改善の目のつけどころ

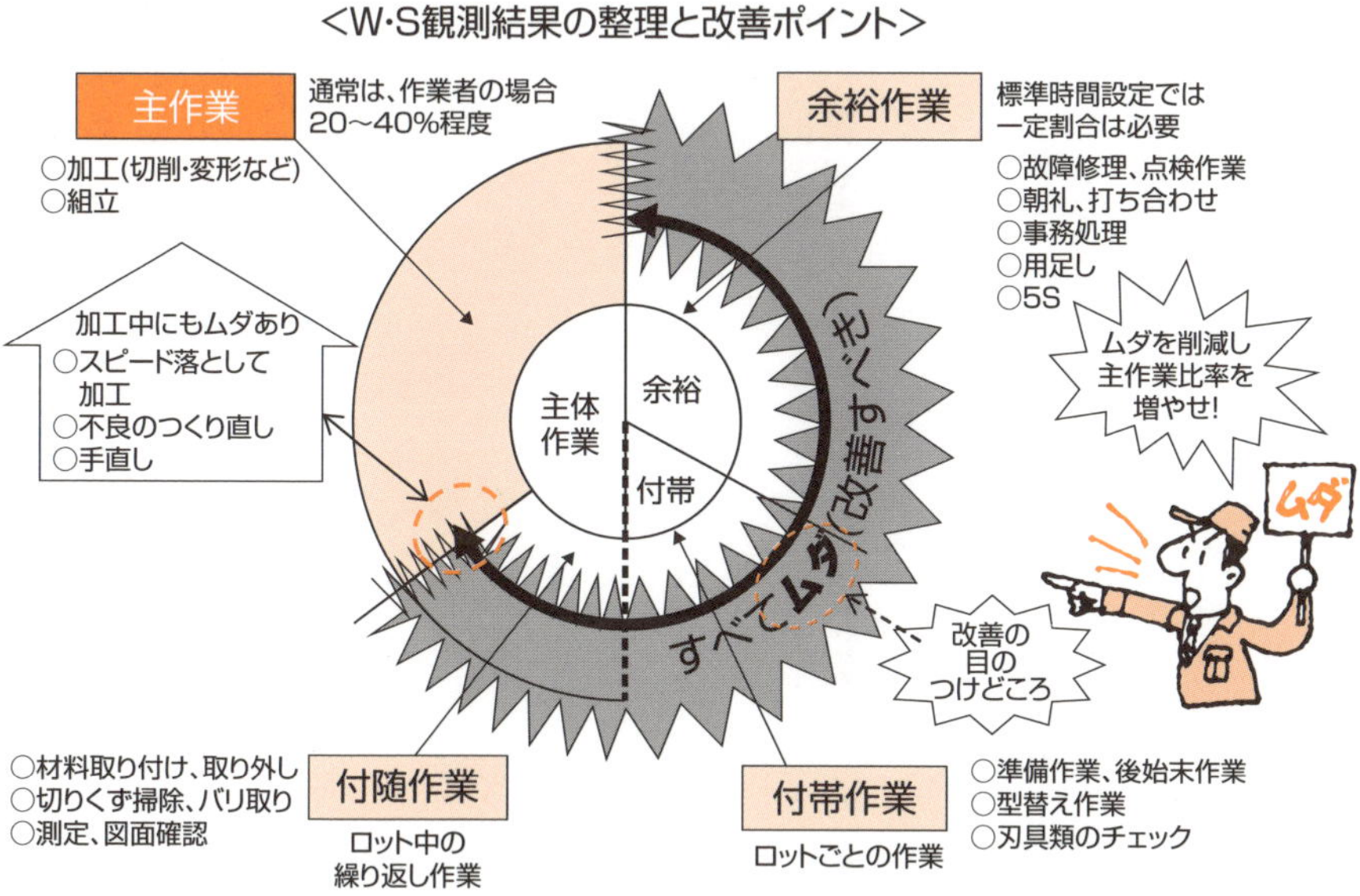

3. 標準作業の作成

標準作業は、個別作業改善の基となるものです
標準作業では、タクトタイムをさらに短くすると作業のやりにくいところ、疲れるところ、不良が発生しやすいところが見えてきますので、そのような個所をレベルアップできるよう重点的に改善します

4. 自動化の推進

簡単な自動設備活用で、人手が省けるところは優先的に自動化し、省力化·少人化を推進します

Column

改善は永遠にして無限

地球上で自然創造物以外の目に触れるすべてのものは、すべて人間の思考から生み出されたものです。すなわち、地球環境の自然以外のあらゆるものは、長い歴史での人類の祖先が考案した「改善の成果」と言えるものです。

現代では、特にグローバルな競争においてあらゆる分野の企業・組織間で、猛烈なスピードにより改革・改善が進められており、これに乗り遅れたところは落伍者となって消えていきます。

改善の重要性について、トヨタ生産方式をつくった大野耐一氏は「やむにやまれずやらなければ会社が潰れてしまう、というぐらいの気持ちでやる改善が一番大切である」と言い、また「改善は一つやれば終わりというのではなく、改善したその足元から次の新しい改善の芽がいくつも出てきているものだ」と言われています。

どのような分野でも改善の対象には、C（コスト）削減のみでなく、P（生産性向上）、Q（品質改良）、D（納期・量の改善）、S（安全性向上）、M（やる気向上）、E（環境改善）、I（情報の高度化）の主要な各方面からと改善に次ぐ改善のテーマがあるものです。

近年では特にITやAI、ロボットなどの各分野が急速に進展しており、これらを活用した製品や仕組みの改善が、かつてないほどに対象範囲も拡大しています。すなわち、あらゆる分野で改善は可能であり「改善は永遠にして無限」なのです。

次の
改善の芽が
出ているぞ
改善の芽
改善
まだ出ていない
「改善の芽」が
いっぱい
隠れている
改善
改善
改善
改善
改善
改善

第5章

改善提案増と改善事例

作業改善は、提案件数が多ければ多いほど、中には驚くほど効果のある提案が混ざっているものです。そのためには、改善提案の活発化が必要ですが、思うほど簡単ではありません。

本章で述べるように〝気づく人づくり〟を繰り返し訓練することで、より多くの改善案が創出されます。すると数の多さに比例して、より効果的な改善が出てくるものです。人間のみが工夫して考えることができ、提案してほめられることで、さらなるモチベーションの向上につながります。

33 改善提案の活発化

改善活発化は人を活かし会社は儲かる

改善とは、働く人の動きや設備などのムダを省き、効果的に仕事を推進できるようにすることです。

(1) わが国の改善提案の発展

改善で企業活動をより活発化するために、「改善提案制度」が生まれました。その歴史は古く、米国流の提案制度が戦後導入されたことに始まり、わが国の高度成長の原動力となりました。その後1970～80年代は改善提案が最も活発で、産業競争力で世界首位を続けた時期があります。

しかし1990年代初めにバブルが弾けると、その後は改善提案も減少していきます。これに伴うかのように、IMD評価の世界競争力ランキングも2024年には38位まで低下し、今後競争力の原動力となる改善活発化が切望されています。

(2) 改善提案制度と仕組み化

改善提案制度も長期化するとマンネリに陥りやすく、多くの企業で継続に苦慮するケースが見られます。そこで、改善提案を活発化し継続していくためには、次のようなことが重要となります。

①会社トップの改善提案に関する強力な支援と表彰
②改善活発化は職場運営の最重点で管理者の責務
③改善事務局での改善意欲盛り上げ工夫と働きかけ
④改善報酬制度・評価制度の定期見直し

(3) 1980年代の特筆すべき会社(T社事例)

改善提案が少なく盛り上がりに欠ける会社も多い中、T社(従業員約800人)は1982年には一人当たり10件/月の提案実績がありました。しかし、新任社長の号令でさらなる提案活発化が推進され、その結果5年後には同70件/月を達成しています。

中でも特筆すべきは提案効果額です。報奨金に対する一年間の改善累積効果額が毎年集計され、1986年を例にとると、効果＝年間効果総額(約27億円)÷年間報奨金総額(約1・1億円)≒24倍で、会社は支払った報奨金の24倍儲けたとのことです。

要点BOX

●改善効果で会社は支払った報奨金額の約15～30倍の利益が出る
●改善案をほめることで意欲を高めさらなる改善

現状（改善提案の減少理由）と対応策

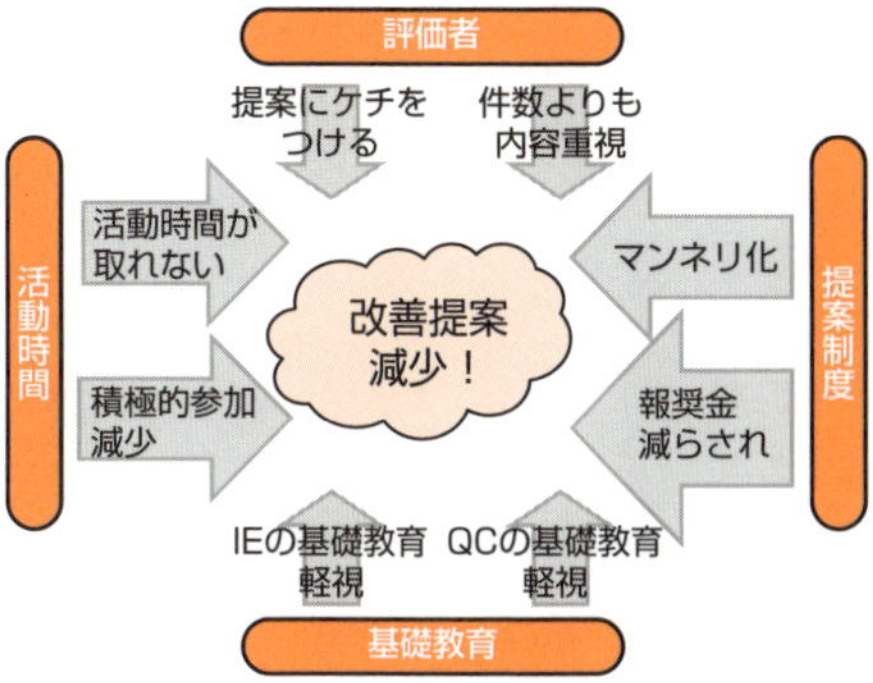

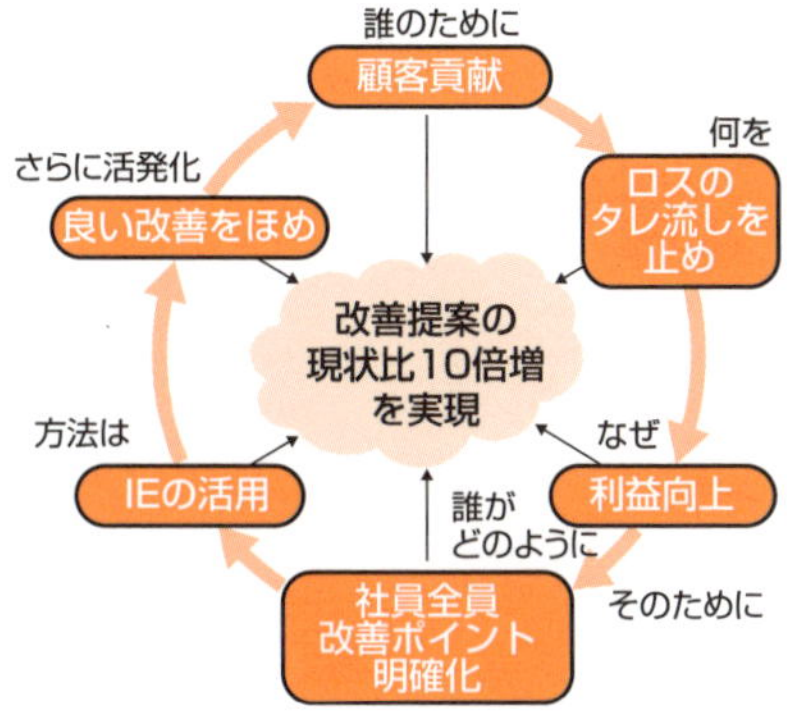

改善提案用紙の例

（管理NO.　　　　　　　　）

提案件名		
○印----▶	1 原価　2 品質　3 効率　4 環境　5 安全　6 その他	
提案日：　年　月　日	部；　グループ：	氏名：（共同提案の場合全員の氏名）
現状（問題点）	改善案（1.実施済　2.未実施）	
（写真、絵でも可）	（要点はメモでもOK）	
改善後の効果：（提案者記入）		
評価者コメント：		

評価

ランク	定量効果（または）効果		提案時報奨金(円)
A	効果額・年30万円以上	非常に良い	10,000円
B	効果額・年10万円以上	良い	3,000円
C	効果額・年2万円以上	まあまあ	500円
D	効果額・年1万円以上	少々	300円

A，Bは半年間の効果発現を見て、半期に1回社長・工場長表彰対象とする
（社長表彰30万円／件、工場長表彰５万円／件）

評価	
社長	
工場長	
所属長	

34 改善案の作成

同じ目的でも改善案はたくさんある

改善提案の目標は〝楽に、良い品を、早く、安く〟つくることです。そのため作業者の立場から、どうすれば効率的につくることができるかが改善のポイントになります。改善活動の過程でネック工程となる作業や、やりにくい作業について問題点を洗い出し、その原因や真因を明確にすれば、それらの問題点について改善案を作成することから着手します。

改善案を作成する段階で重要なことは、〝目的は一つでも手段はいろいろある〟ということです。たとえば、部品Aに部品Bを固定するという目的に対しては、

①紐で縛る
②針金で縛る
③AとBを接着剤でくっつける
④リベットでカシメる
⑤ボトルとナットで締め付ける
⑥はめ合い構造にする
⑦溶接する

などのやり方が挙げられます。

改善案が完成するまでには改善すべき目的、すなわち品質や原価、納期、安全などを確認して、それぞれに応じた改善案を検討します。

①この案でさらに安全面・効果面・ミス発生面の問題がないか
②費用対効果で比較検討は十分か

改善は試行錯誤の要素を含んだものであり、最初から高度なレベルを成功させるのは難しいものです。そのためにはまずアイデアをどんどん出して、その後で評価することが望ましいと言えます。

改善案を固めていくには、アイデアのすべてについて技術的実現の可能性(難易度)、貢献度・重要度、緊急度、必要コストなどを総合的に評価し、絞り込んでいきます。そして最適案が決まったら、現場で試行を重ねて実行可能な案にまとめます。

要点BOX
●まずPQCDSMEIで問題の洗い出し
●アイデアがよりたくさん出る仕組みづくり
●効果と費用面から改善案を評価し選定

加工組立型(人の作業の効率化)の着眼ポイント

1. 動作(作業)の数をもっと減らせないか
2. 複数の動作(作業)を同時に行えないか
3. 動作(作業)の距離をもっと短くできないか
4. 動作(作業)をもっと楽にできないか

共同作業の改善の着眼ポイント

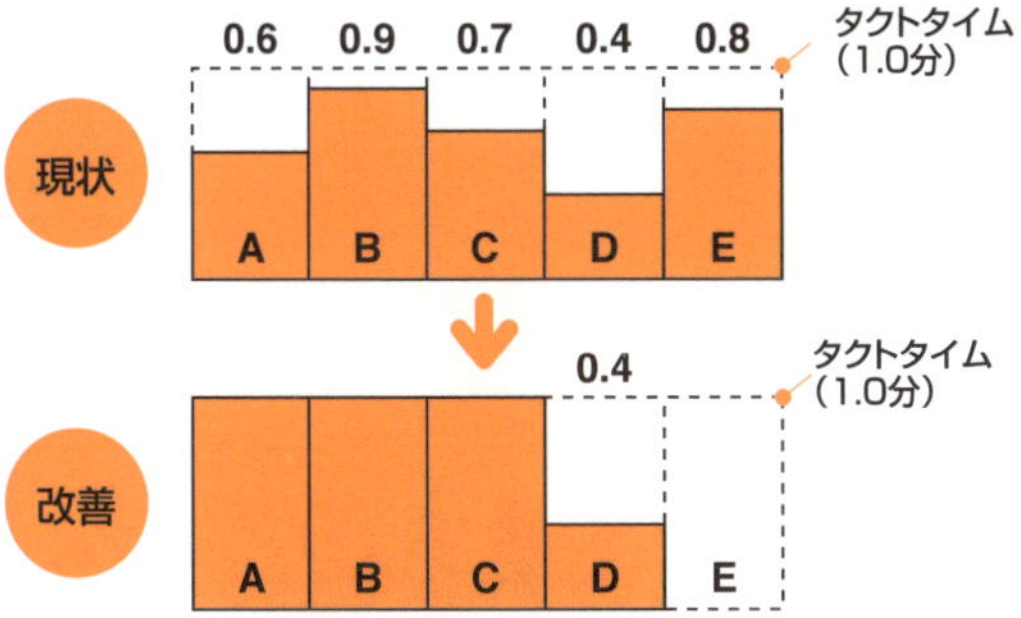

▲ 望ましい組み合わせ
−正味時間をタクトタイムいっぱいにしている−

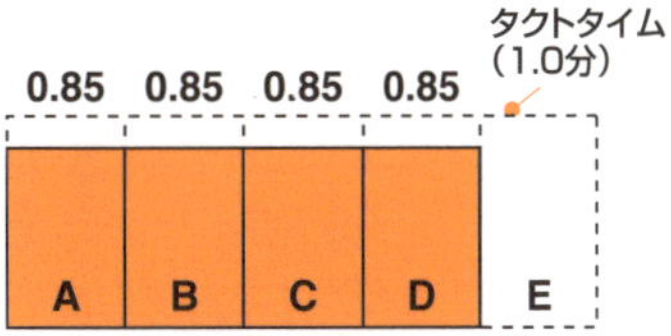

▲ 好ましくない組み合わせ
−ムダな時間を平均にしている−

改善案の絞り込み

○:5点　△:3点　×:1点

ネック工程	問題点	改善点	具体的方法	貢献度	緊急度	重要度	難易度	コスト	評価
工程5	大ロット運用	小ロット化	MCロットを30日→1日分へ	○	×	○	△		14
	段取り時間長	内・外段取りの区分	作業分析を実施	○		△	△		11
		加工工程の集約	穴加工+面取り=工具変更	○		○	×	△	14
	加工時間長	刃具移動距離を短く	加工プログラム変更	○	×	○	○		16
	未計画	計画の策定	当月受注順ごとに計画	△	×	○			9
	移動距離が長い	手元化(工具・治具類)	工具・治具・指導票類を手元に	○		○		△	13
		設備を並べる	次加工設備を近場に	○	△	○		×	14
		仕掛品置き場設定	加工設備ごとに設定	△		△	△		9

35 チェックリストの活用

一日1項目、着眼の漏れをなくして問題発掘

問題発見の切り口には、①現場8大任務、②4M、③ムダ、④作業動作面、⑤時間観測結果から見る面などが挙げられます。

(1)問題発見5つの切り口

ここでは例として、3ム（ムダ・ムラ・ムリ）の中のムダと4Mを組み合わせた問題発見チェックリストを次ページに示すとともに、主要な切り口について以下に述べます。

①現場8大任務

P（生産性・出来高）、Q（品質）、C（原価）、D（納期・量）、S（安全）、M（モラール・やる気）、E（環境）、I（情報）の各項目でチェックします。

②4M（マン・マシン・マテリアル・メソッド）

作業者・設備・材料・仕組みに分けてポイントをチェックします。

③3ムと7つのムダ

ムダを3ム（ムダ・ムラ・ムリ）の方向からと、トヨタ生産方式での7つのムダ（つくり過ぎ・手待ち・運搬・加工そのもの・在庫・動作・不良をつくる）の各ムダから診ます。

④動作面

〝動作経済の原則〟の20項目に照らし合わせて、1）人体使用、2）設備・配置、3）機械器具設計の各原則に基づく各項目を明示します。

⑤時間面

時間観測結果の改善チェックリストに基づきます（詳細は「よくわかる『IE7つ道具』の本」（日刊工業新聞社刊）を参照のこと）。

(2)チェックリストの活用効果

問題発見チェックリストを活用し、各項目を一日1件ずつ、自分たちの職場を意識して診ると、いろいろな改善点に気づくものです。同じ項目でも場所を変え、時間帯を変えて見ると、また異なる発見ができます。

要点BOX

- チェック項目が改善着眼点を教えてくれる
- 問題発見チェックリストにはいろいろな方向からのものの見方がある

問題発見の切り口

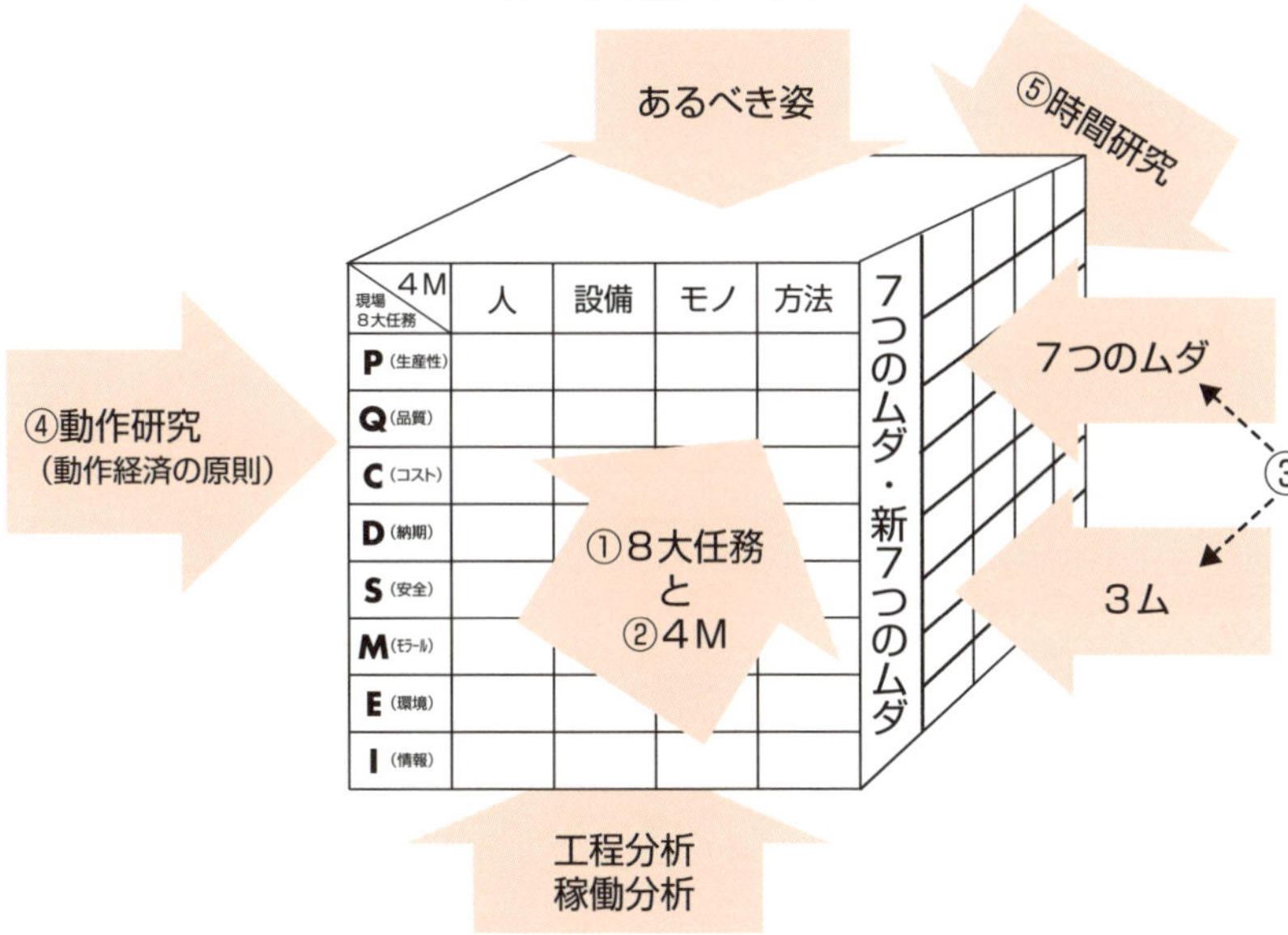

問題発見チェックリスト

3ム / 4M+I	ム　ダ	着眼点
人	○作業量に対してバランスの取れた人員か ○余裕や手持ちが多過ぎないか ○不必要な作業をしていないか ○多能工化しているか	
機械設備	○空気を加工していないか ○設備能力は十分活用されているか ○工具や材料はすべて定位置にあるか ○機械でやるべき仕事を人手でしていないか ○段取り時のシングル化は図られているか ○設備点検は規定通りに行われているか	
モノ	○使えるモノを捨てていないか ○つくり直しや手直しの資材のムダはないか ○不良データを活かしているか ○電気、水、蒸気、油のエネルギー漏れはないか	
方法管理	○誰でも必要なモノがすぐ取り出せるか ○整流生産になっているか ○運搬ロスはないか ○全数検査化での工数ロスはないか	
情報	○目に見える管理が整っているか ○文章化とモノの情報は一致しているか	

36 改善案を効果的にたくさん出す(気づきの訓練)

改善に気づくスキルを身につける

「ロス(ムダ)はこぼれる利益」と言われています。このロスを止めるためにはロスの原因を突き止め、歯止めすることが必要です。この歯止めこそが「改善」なのです。改善で大切なことは、日頃から改善ネタをできるだけたくさん出すことです。数が多ければ、中にはビックリするような効果大の改善ネタが生まれてきます。これは、左図に示す労働安全での「ハインリッヒの法則」によく似ています。

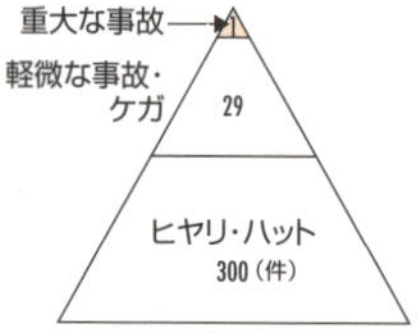

ハインリッヒの法則

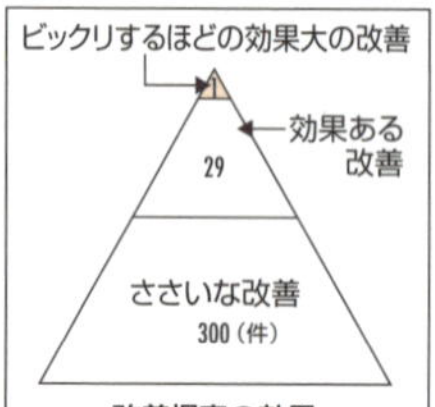

改善提案の効果

どんな会社にも改善すべき点は無限にあると思いますが、改善に気づく目を持っていないと、それに気づくことはできません。改善提案が出ない、減ってきているということは、成長が止まった会社が増えてきている証で、それがわが国の世界競争力低下にもつながっているのではないでしょうか。

そこで、改善に気づくスキルを身につけるための、手軽で簡単な〝気づきの訓練〟を紹介します。いきなり現場で改善すべきところを探そうと思っても、簡単には見つかりません。そこで諦めず、まず〝気づきの訓練〟を実施し、頭を柔らかくした上で改めて現場を見ると、驚くほど改善点は見つかるものです(やり方は次ページに図示しました)。

頭がほぐれたと思ったら本来の自分たちの課題に取り組み、気づきの訓練と同様に〝特性〟から順に考えると、一段と効果的なアイデアが創出できます。気づきの訓練は手軽に行え、繰り返すうちに柔軟な思考能力が身につくため、職場の問題点やムダに気づく力が飛躍的に伸びることが期待されます。担当している職場の特性(特徴)から考えてみませんか。

要点BOX

- 頭の体操で頭脳を柔らかくして課題に取り組む
- “気づきの訓練”は手軽で効果大
- 問題に気づく、発見することがとても大事

気づきの訓練

例:「ビールびんの有効的な使い方」について

①メモ用紙を準備

②テーマを決める
（例:ビールびんの有効的な使い方）

③思いついたアイデアを
メモする（3分間）

④何件出ましたか?
判定してください

<頭の柔らかさ（カタさ?）判定基準>

・16件以上	頭が柔らかい
・11～15件	もう一歩!
・6～10件	頭が固い
・5件以下	頭に苔が生えている

<メモ用紙>

（特性）
＊物を溜める
・花びん
・水槽
・
＊音が出る
・楽器
・呼び鈴
・
……

ここからが本番!

⑤ まずは「特性」を出す

⑥次にそれぞれの特性から
考えられる活用方法を
書き出していく

ビックリするほど
いろいろなアイデアが
出てくる!

さあ、実際の現場で同じように
現場の特性を出してから
改善個所を探してみよう!

現場の特性には、
整理整頓・物流・不良
発生・不安全作業など

<解答の例>

ビールびんの有効的な使い方

□ = 特性

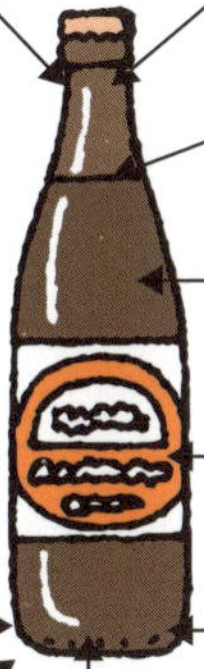

- 物を溜める
  - 水：・水平器　・花瓶　・水筒　・保冷剤　・水槽（メダカ）
  - 油：・廃油　・調理油
  - 液体：・洗剤　・酒　・醤油
  - 危険物：・釘　・ガラス破片　・画鋲　・針
  - 土砂：・花壇　・鉄アレイ
- 堅い：・金槌　・重石　・ブックエンド
- 切断：・コップ　・ジョウロ　・スコップ　・受け皿　・ロート　・植木鉢
- 丸い：・足踏み　・肩たたき　・コロ　・円を描く　・そば打ち「のし棒」
- 音が出る：・楽器　・笛　呼鈴　・鈴を入れて玩具
- 水に浮く：・浮き　・イカダ（何本も並べ）
- 熱・光を通す：・レンズ　・湯たんぽ　・豆電球を入れライト　・ロウソク入れ照明
- 割れる：・ナイフ　・ヘラ　・泥棒避け（塀の上に並べる）
- 一定：・花壇づくり　・壁　・重し　・ものさし　・テーブルの脚　・並べて椅子　・踏み台

特性はまだまだある!

口がある　底がある　溶解　きれい　軽い
円錐　ラベルと文字　転がりやすい　…

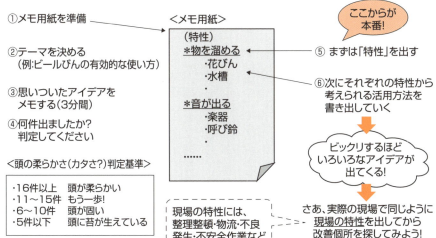

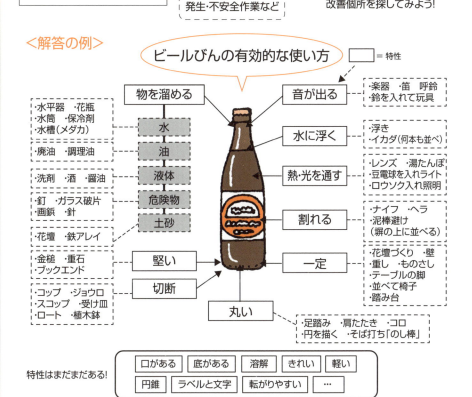

37 改善効果の確認

従来方法と比べて新方法の効果を点検・評価

改善案が実施されても、いつとはなく従来の方法に戻ったり新方法の内容が変わったりすることがあるため、定期的な点検を怠ってはいけません。

(1)改善評価の考え

いかなる改善も、常に最初から真価を発揮するわけではありません。効果を発揮するまでには成熟する期間が必要です。どんな評価方法を取るにせよ、性急な判断をもって結論づけてはいけません。

新しい仕事、すなわち改善したり作業の組み合わせの変更を行ったりするような際は、最初から真価が発揮できなくても決して諦めず訓練して、ある程度時間を考慮して評価すべきです。

(2)設定した目標と改善実績の比較

改善した結果を評価する場合、単なるフィーリングや定性的な表現による評価（効果・成果）では望ましい方法とは言えません。大切なことは、初めに設定した目標に対して改善実績はどうであったかで判断します。どのくらいの原価低減につながったか、品質はどうか、安全性はどのように向上したかなど、具体的数値として評価すべきです。

ドンブリ勘定でとらえるのではなく、改善した諸項目を層別し、おのおのを評価します。その結果、さらに問題があり、目標に対して実績があまり良くない場合は、それが次の改善のネタとなります。

(3)標準作業への反映

改善した結果、評価の確定したものは従来の方法へ戻らないように、標準化とともに歯止めを効かせることが必要です。

(4)問題の再発見

設定した目標に対して、改善実績が目標値よりかなり低いとか、今回は結果的に見て改善につながらなかった場合、それは残された問題として次の改善のサイクルを回します。さらに優れた方法はないか検討し、レベルアップを図ります。

要点BOX

- ●標準化して崩れ忘れへの歯止めをかける
- ●ネック工程を見つけて改善すると、また次のネック工程が見えてくる

問題の再発見

設定目標に対して

改善実績が目標値より低い
改善できなかった

▶ 次の改善

新方法の展開

新たな問題の発生
（品質、原価、生産性、安全）
のネック工程を改善

▶ 新たなネック工程が見えてきて、次の改善目標にしたり、適用拡大も図る

根気よく
工夫を重ね
結果を焦らず

38 【改善事例1】製造リードタイム短縮

製造日数の大幅短縮で競争力強化

製造業A社は従業員約240人の中堅企業で、リーマンショック後に売上が激減し、業績回復をめざして教育訓練も含めた改善活動を行いました。IEやTPSを中心とした教育を全社員対象に生産の少なかった約2年間、毎月2日間実施した後、主要4品目の製造リードタイムを大幅短縮する改善がスタートしました。その結果、約3カ月あった製造リードタイムが7日間に短縮され、劇的な製造能力増とともに、お客様の納期管理容易化につながったのです。

①現状分析で実態の明確化

リードタイム調査を実施し、工程待ちが多い各工程別の所要日程を実績データから集計しました。結果として、加工17工程の1~2階の行き来が多く、物流が非常に悪いことが判明。設備レイアウトを変更して1~2階への行き来を段階的に減らし、工程統合も含めて推進しました。

②リードタイム短縮目標の設定

現状の各製品別工程日数を分析し、工程の改善難易度を考慮しつつ段階別に目標値を設定しました。

③問題点の「見える化」と改善のスケジュール化

訓練で問題点に気づく力を育成した後、工程別に徹底的な洗い出しを実施。「貢献度」「緊急度」「重要度」「難易度」「コスト」に分けて評価を行いました。

④工程間手待ち大幅削減で設備を1階へ集約

各改善項目に優先度・費用などを考慮してスケジュールを作成し、毎月2回の改善検討会で確認しました。ネック工程は遅延が起きないよう定例日（コンサル支援日）にフォローを実施。特に重要工程の〝見える化〟改善と、ネック工程の段取り替えを重点的に短縮することで各工程の小ロット化を可能とし、大幅な製造リードタイム短縮が実現できました。

さらに、工程間手待ちが削減できたことで1階のスペースが空き、2階にあった設備を1階へ集約。物流効率化につなげることができました。

要点BOX

●「あるべき姿」作成で課題・問題点・改善指向の見える化
●基礎教育の徹底が改善提案増加へのベースに

製造リードタイム短縮の進め方（全体フロー）

1	企業戦略・ビジョン策定のための「あるべき姿」作成
2	基本的な改善の考え方・手法普及のため 『よくわかる「ＩＥ七つ道具」の本』（日刊工業新聞社刊）を活用 リーダークラスに配布・教育
3	“気づく人づくり”のアイデア発想を繰り返し教育、実践
4	プロジェクトチームの組織化とＪＫ（自主管理）グループ間での競争的改善推進
5	改善成果を「見える化」し、社外発表での受賞でメンバーに自信を持たせた

改善前の工程レイアウト

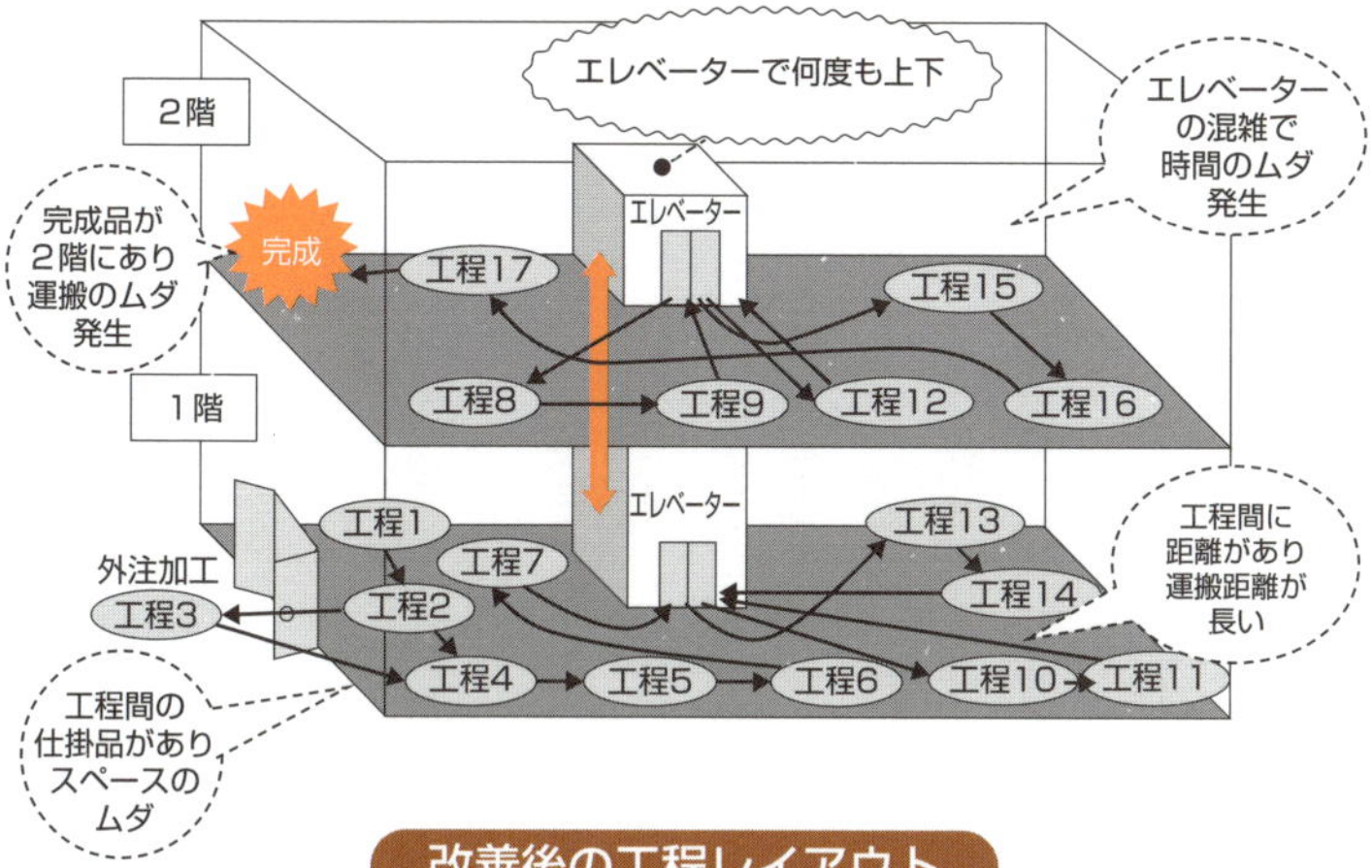

改善後の工程レイアウト

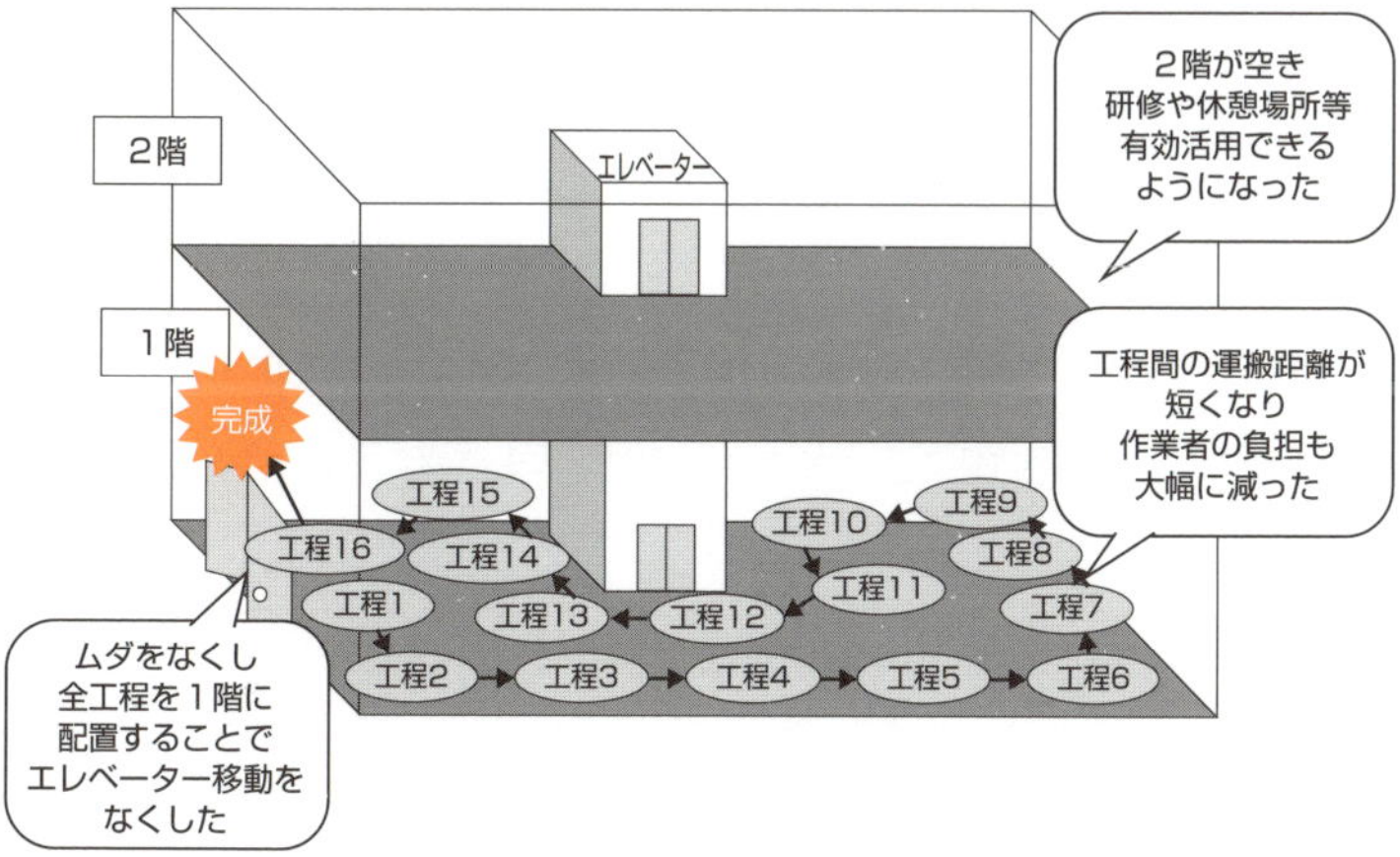

39 【改善事例2】サービス業での生産性向上

IE活用で客観的データを収集し改善に活かす

日本の就業者一人当たりの労働生産性は、米国との比較では6割程度と低く、世界ランキングでも長期に低迷しています。特にサービス業は日本経済の約7割を占める重要な産業ですが、製造業と比べると大幅に生産性が低いことが課題となっています。今後、日本経済を牽引すべきサービス業の生産性をいかに上げていくか、改善の方向を示します。

(1) 飲食店厨房の動線改善

駅前商店街にある焼き鳥店は、店内飲食のほかテイクアウト客も多く、常に厨房は多忙でお客様対応は不十分でした。そこで従業員にヒアリングし、どこに問題があるのか調査を進めるため、IE手法を活用した分析を実施しました。

動線分析により従業員の動きを見える化し、ムダを知ることで改善すべき点を明確にしたのです。また、従業員の多能工化推進で忙しい業務を支援できる体制を整備。これらの改善で厨房に余裕が生まれ、生産性向上とともに顧客サービスも向上しました。

結果として急な欠勤時の対応も含め、三十数店舗それぞれが4人体制としていたものを、本店に3～4人の予備要員を置いて各店舗3人体制とすることで、全社で約30人の削減が可能となりました。

(2) 和菓子づくりでの生産性向上

和菓子づくりの多くは手作業のため、作業者のレベルによるバラツキが大きく生産性に影響していました。そこで現場観察により問題点を探り、「あるべき姿」を作成。生産性の高い作業者の動きを基準に作業の標準化を行い、動画による教育で他の作業者のレベルアップを図りました。

それらの効果により大幅な作業人員削減に成功し、他の業務に割り振りができて、生産性も改善直後の第1ステップで15%アップの結果を得ました。第2ステップである3年後には、約30%の省人化含めた生産性向上を見込んでいるところです。

要点BOX

- 生産性向上には問題作業の「見える化」が必須
- 掃除などでの「ムダ」削減、品質の「ムラ」をなくし、繁忙期の「ムリ」な長時間残業削減

焼き鳥店厨房の問題点(動線改善と多能工化の切り口)

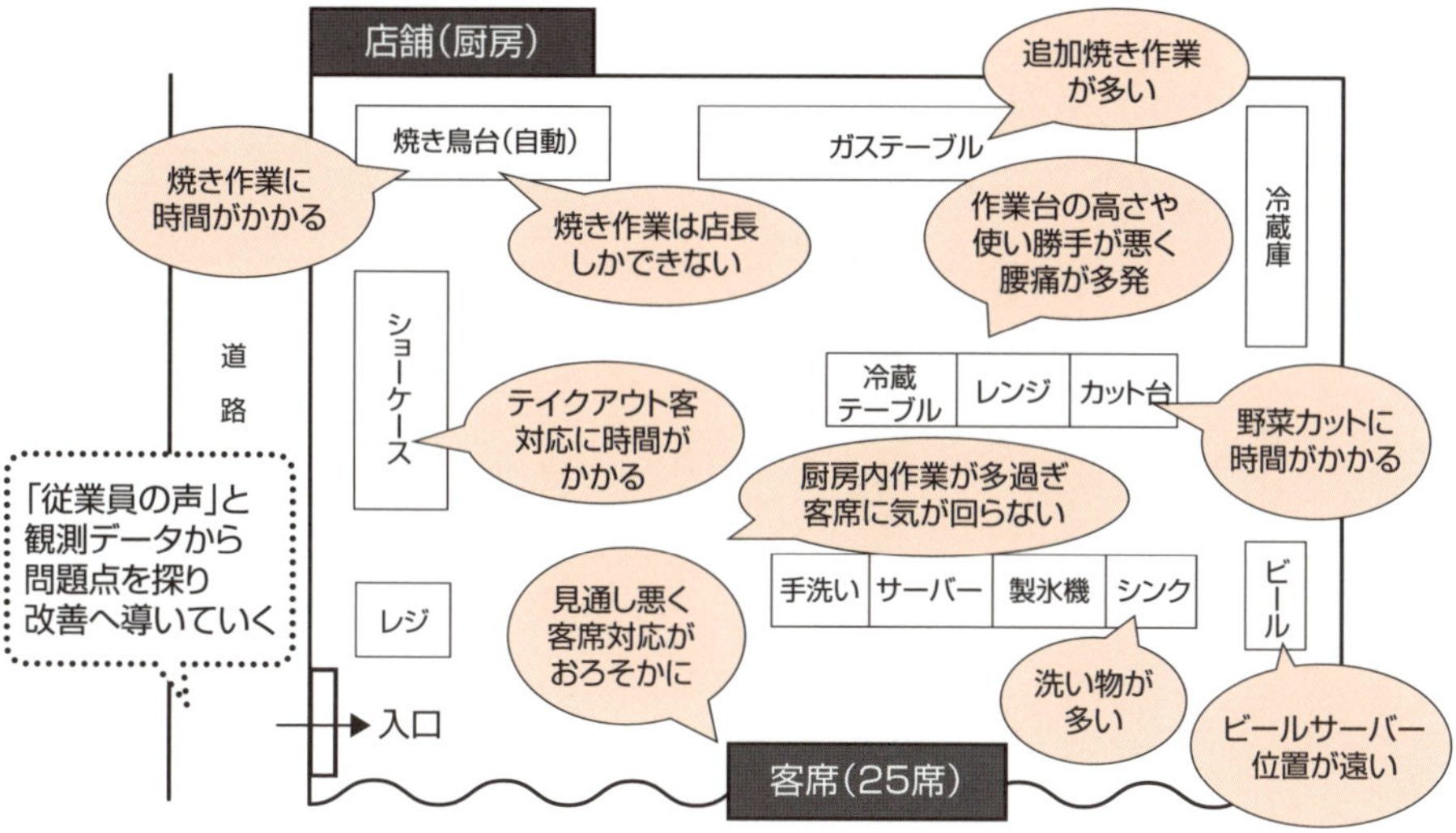

あるべき姿(総括)

(一部抜粋)

1 継続的改善(年15 %生産性向上)で生産性50%増(3年後)の達成

	2019年度(見込)
売上高(億円)	27.0
従業員(人)	315(内パート18 1)

(従業員数は2019年10 月20 日現在)

2022年度
生産性: 50%増

2025年度(26年6月末)目標
売上高: 50 (年10%向上)
経常利益: 10 %目標
従業員: 400 人(内パート230人)

2 人材(財)育成

(1) 魅力ある職場づくり…業務改善と残業抑制で働き方改革推進
(2) 改善のできる人づくり..作業分析手法定着化による活発な改善提案(3件/月·人)
(3) 管理者の育成…利益向上のため成すべきことの明確化と定期教育

課題(2019年度)	問題点	改善指向
1.利益向上のための労働生産性向上(15% 向上)	•利益率が低い(何が儲かり、何が赤字かわからない) •生産計画·販売計画が機能していない •生産性の管理不十分→冷凍庫在庫大 •改善のできる人材が育たない •改善提案が出ない	◎計画した改善の確実な実行 •利益の出る指標分析(生産性向上)体制構築 •生産計画·販売計画の精度向上 •生産管理(計画·統制)システム化 •気づく人づくりの計画と推進 •改善提案制度導入による活発化
2.Q·C·D の改善 •肉体労働15%/年向上(自働化の推進) •技能労働15%/年向上	•残業が多い(和菓子)(ピーク時平均64.1時間/人月) •有給取得率が低い(昨年実績約10%) •清掃時間が就業時間の約20%と多い •約半数の技能労働者生産性が低い	◎残業削減 (1 年後) (3 年後) ピーク月平均 50時間 30 時間 •全員が最低5 日取得の徹底(13 期) ◎清掃時間半減(曲目の変化で目標時間管理) •技能労働生産性50%向上(3年後)(成り行き管理から目標管理へ)
3.SDGs 対応(持続可能な開発目標)	•環境対策不十分な梱包材使用 •廃棄物が多い(資源のムダ) •電気のムダが多い	◎生分解性プラスチックの全面導入 •廃棄物分別と削減 •太陽光発電とデマンドコントロール方式化

40

【改善事例3】農業での生産性向上

マンダラート活用で改善重点項目を見える化

(1)大規模農園の売上・利益倍増

T農園では、米と野菜（キャベツ、ブロッコリーほか多品種）を栽培しています。しかし生産性が伸びないことが悩みで、どこに問題があるかもわからず対応策も見つけられない状況でした。そこで、全体を俯瞰してポイントをつかむことが必要と感じ、「マンダラート（曼荼羅図）」を活用して改善すべき問題点を抽出し、目標管理していくことにしました。

マンダラートは3×3のマス目の正方形が9つ並び、その姿が仏教の世界観を絵にした曼荼羅に似ていることからそう呼ばれています。中心のマスに主要項目、周りのマスに具体的な方法を書き込みます。考えを書き込みながら81マスがすべて埋まると、自ずとやるべきことが見えてきます。

T農園では3年間で50%生産性向上を目標に掲げ、人材育成という課題が見えました。中でも野菜梱包ラインでは、時間分析データ活用で工程間バランス化を行い、5人→4人作業が可能となりました。

(2)CE／RC改善支援

米の乾燥・貯蔵施設カントリーエレベーター（CE）1施設と、ライスセンター（RC）4施設を運営するJ社より収支改善を依頼され、現場調査で問題点を洗い出しました。CEのコントロール室（モミの乾燥管理）は24時間連続勤務体制による2人作業でしたが、長時間労働で非常に効率が悪いことが問題でした。その他、農家からの荷受け作業ではワークサンプリングや工程分析手法を活用した結果、手待ちが多く、受付事務作業は記録に時間を要しました。

調査後、問題点のポイントを絞って改善しました。勤務は、12時間交替として従業員の負担を軽減。受付作業もモミの水分測定自動化や自動計量により3人→1人体制とし、その他作業手順書の作成や業務の見える化で従業員の生産性を向上。ピーク時従業員の約半分である24人で作業が実現したのです。

要点BOX

- ●現場調査で課題・問題点を洗い出す
- ●改善の重点テーマを絞り込んで目標管理を徹底する

マンダラート活用で目標達成

T農園のマンダラート

◎○=社長相談の重点ポイント

経営計画の見える化	○経営計画の周知（健全経営、5年後の目標）	個人別目標管理	○田植え（人による速度の大きな違い）	○稲刈り	整地（田）	水稲	小松菜	キャベツ
6次産業化推進	**経営計画**	売上増	移植（移動ロス大）	◎**生産性向上**（3年間で50%向上）	肥料散布	ブランド化の推進	**品質向上**	ブロッコリー
売れる作物開拓	地主の期待（耕作放棄地）	利益向上	耕起（稼働率向上、準備・清掃）	○野菜収穫	○野菜植え付け	GAP認証	無農薬栽培	土質改良
○人材育成（生産技術の差大 低い人のビデオ分析）	独立支援	研修制度	経営計画	◎生産性向上（3年間で50%向上）	品質向上	人件費	肥料代	農薬代
○技量の星取表	◎**やる気向上 人材育成**	労働力確保	◎やる気向上 人材育成	売上・利益倍増	コスト削減	燃料費	**コスト削減**	設備修繕費（TPM推進）
○改善提案制度（提案・HHのスマホ活用）	一般教育（手順書、動画）	給与向上	マーケティング（顧客創造）	設備化・AI化	安全性向上 環境改善	種苗代	外注費	容器包装費
顧客ニーズの調査分析	核（シンボル）となる商品づくり	安定的販売先の3本柱	大型化	高速化	設備更新	GAP推進	HACCP推進	無農薬栽培
農業体験価値の伝播	**マーケティング**（顧客創造）	消費者との信頼関係	自動化推進	**設備化・AI化**	設備メンテナンス	安全のリスクアセスメント	**安全性向上 環境改善**	土づくり（米糠・蓮華）
情報発信力の向上	ブランドの開発（マーケティング発想の作物づくり）	直販・販路確保	天候予測システム化	管理システム	管理システムのAI化	農産物の廃棄物処理	耕作放棄地開墾	環境のリスクアセスメント

野菜梱包ライン

経営戦略の解決状況

○改善の重点テーマを絞り込み明確化
○野菜パッキング工場の生産性50%アップ
○管理者育成・・・個人別教育内容の
　明確化と計画書の作成
○コスト低減テーマの洗い出しと目標管理

○業務ICT化および作業環境改善の推進
　［検討案］◇田畑での冷風ヘルメット
　　　　　◇ドローン式スポットクーラーなど

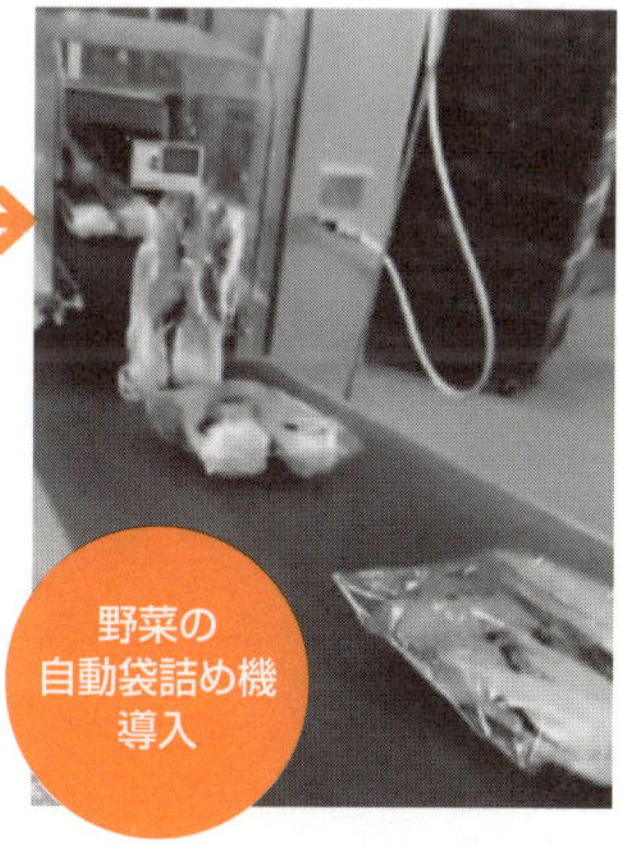

Column

改善はあらゆる分野に適用できる

私たちの置かれた環境は近年、特にIT化の進展が著しく急速な変化を遂げています。これらすべて各分野・業界の〝改善〟であり、主要な分野別に特記すべきことをまず例記してみたい。

①ロケット打ち上げの低コスト化で一般人の宇宙旅行も可能
②製造業では、AI・IoT・ロボット技術の向上で無人化進展
③製造業でも費用をかけない知恵を使ったからくり技術活用
④IT・AIの進展で、アプリ活用の予約・買物・電子マネー
⑤IT活用のDX・チャットGPTと病院などの順番待ちシステム
⑥オンラインコミュニケーションを通じた会議・研修
⑦自動車・航空・海洋産業でも開発・改善が目覚ましい
⑧農林漁業の分野でも改善が大幅に進んでいる

ここでは紙面の都合上、特に最後の「⑧農林漁業」において、筆者が改善支援した事例に焦点を絞って紹介します。

〈農林漁業での改善事例〉

農業　①野菜梱包機のラインを時間観測し、工程間のネック工程を改善することで少人化、②いちごのパック詰めラインをワークサンプリング手法で分析して約40％の人員省力化、③大型モミ乾燥機CE・RCの工程改善によりピーク時作業員半減の実施

漁業　加工ラインの時間と動作分析で改善し、少人化とともにレイアウト（配置）および魚頭部の廃棄物運搬をコンベア搬送での効率化

林業　安全に関する意識調査およびKYTや危険作業洗い出し改善で、安全作業手順書の動画化と人事評価制度導入・教育

計量器2台活用で生産性倍増

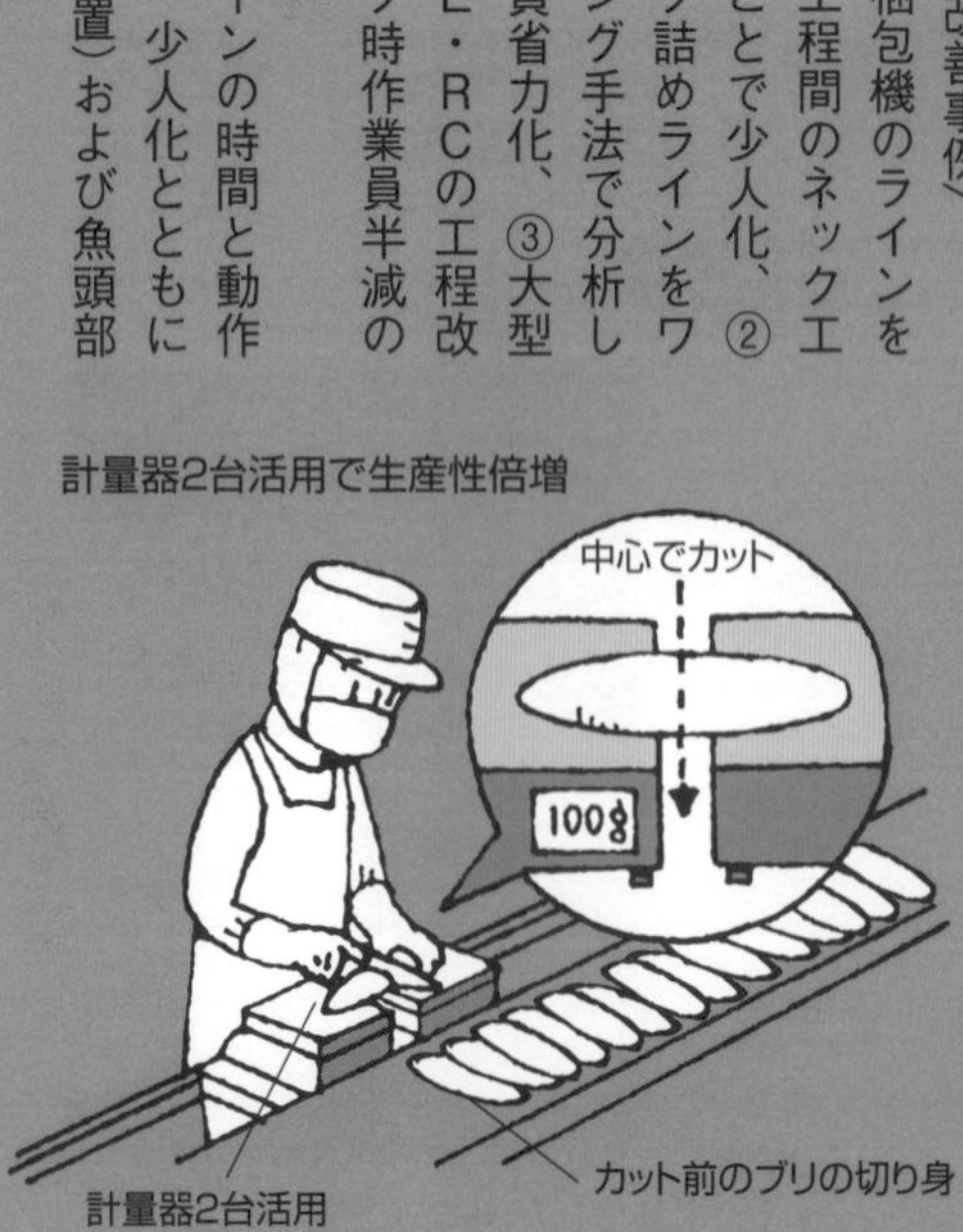

第6章

標準作業と改善

標準作業と改善は密接に結びついており、切り離せない関係にあります。標準作業とは、現時点で最も良いとされる作業方法を定めたものです。

一方、改善活動は、この標準作業を確実に守ることからスタートします。標準作業を守ることで品質が安定し、生産量やコストが確定します。ただし、標準作業は一度決めたら終わりではなく、常に見直しや改善の余地が含まれているのです。

41 標準作業とは

人の作業が中心で繰り返し作業が対象

標準作業とは良い品質のモノを安くつくるための道具で、効率的な生産を図るために、モノと設備と人の動きを最も有効に組み合わせたものです。具体的には、人の動作を中心としてムダのない手順で、繰り返し同じ条件で作業ができるように構成されています。しかも、必要数を平準化してつくることを主眼としており、結果としてつくり過ぎを抑制し、ムダな動作などの排除にもつながっています。

標準作業を使うメリットは2つあります。1つ目はルールの明確化です。標準作業を決めることで、モノのつくり方が決まり、その通りに作業することが正しい作業となり、そこから逸脱することを異常と判定できます。2つ目は作業改善のベースとしての役割です。標準作業により作業の手順や時間、そしてやり方が安定していれば、改善を進めた場合にその結果が明確に判定できます。しかし、標準がないと、改善結果の判定が難しくなります。

標準作業は効率良く生産を上げるための諸条件を考慮し、機械とモノを扱うヒトの動きが流れるように作成することが必要です。標準作業を設定する人は、現場の監督者または作業者で、維持・改訂も同様です。これには、監督者や作業者の意思が盛り込まれています。標準作業は改善の原点であり、諸条件の変化で改訂されます。

標準作業作成の前提条件は以下の2点があります。

①人の動作を中心に考える。ムダ、ムラ、ムリをなくすことで作業者の負担を軽減し、ミスを減らします。また人間工学を取り入れることで、作業者の疲労防止やモチベーション向上につなげます。

②繰り返し行う作業であること。標準作業は、同じ手順で繰り返す作業に対して有効で、安定した品質と生産性を維持します。

これらの条件を満たすことで作業の効率を向上させ、品質の安定化とコスト削減を実現できます。

要点BOX

- 良い品質のモノを安くつくるための標準
- 作業ルールを明確にして作業改善のベースとして活用

トヨタの標準作業

- Ⅰ 人の動作が中心：設備条件に影響されない人の動きのムダをなくし、働きにする
- Ⅱ あくまでも繰り返し作業：タクトタイムで繰り返し作業を改善し、同期化ができる唯一の方策

標準作業3要素

1. タクトタイム：一定時間の中で製品1個(部品1個)を何分何秒でつくるかの基準時間
2. 作業順序：作業者が製品／部品を組立／加工する過程で、加工の流れとともに作業していく順序
3. 標準手持ち：繰り返し作業をしていくために、どうしても必要な工程内の最小仕掛品

標準作業の役割

標準作業は、生産効率と安全性を確保しつつ、「カイゼン(改善)」を進めるための道具

	項目	内容
1	作業の安定化と改善の基礎	標準作業は「現状のあるべき姿」を定め、それを基準とします。これにより、作業者が同じ手順で作業を行うことが保証されるため、品質や生産速度が均一化されます。また、標準作業をもとにして改善点を見つけることができるため、カイゼン活動の出発点にもなります
2	ムダの排除	トヨタ生産方式では、ムダの排除が重要視されていますが、標準作業を通じて、作業のムダやバラツキを見つけ、排除することが容易になります。これにより、必要最低限のリソースで効率的に生産を行うことが可能です
3	品質の維持と向上	標準作業に従うことで、製品の品質が安定し、不具合や不良品が出にくくなります。作業者全員が同じ手順を踏むことで、作業プロセスに一貫性が生まれ、製品の品質が一定の水準で保たれます
4	安全性の確保	作業者の安全確保は最優先項目となります。標準作業は、安全な手順を明確にすることで、作業者のケガや事故を防ぎます。これにより、安全面も含めた作業改善が図られます

42 標準作業の3要素

タクトタイム、作業順序、標準手持ちを正しく理解しよう

■タクトタイム

タクトタイムとは、製品1個、または部品1個を何分何秒でつくらなければならないかという時間で、生産必要数と稼働時間によって決まります。

1日当たりの生産必要数量＝1カ月の生産必要数量／1カ月の稼働日数

タクトタイム＝1日の稼働時間／1日当たりの生産必要数量

タクトタイムが決まると、その時間で作業できるように1人の作業量を決めます。実稼働時間や必要生産量は不良や設備不具合、予期せぬ待ち時間などを見込まず、経営としてあるべき数字を設定します。

■作業順序

作業順序とは、材料が製品へと変化する過程において作業者がモノを運んだり、機械に取り付け、加工し、取り外したりする作業の順序のことです。作業順序が決められていないと、人によっても、また同じ人でも作業にバラツキを生じ、加工忘れや作業ミス、不良の発生などが起こりやすくなります。

■標準手持ち

標準手持ちとは、作業を進めるために必要な工程内の仕掛品の個数のことです。工程内で機械に取り付けられて加工中のモノも含みます。また、品質チェックや乾燥、冷却ほか温度調整などのために、一定数の仕掛品が必要な場合もあります。ただし、工程の初めの粗材や最終にある完成品は含めません。

次ページ下図に示すような同じ機械配置であっても、工程の進む順序と逆の順序で作業する場合には、各工程間でさらに1個ずつの手持ちが必要です。なお、標準手持ちは最小にすることが求められます。多めに持つとムダになるばかりでなく、不良品が出た場合の余裕となり、手持ちがあることで安心してしまい、問題への真剣な対応や品質向上への取り組みが損なわれる可能性があります。

要点BOX

- ●タクトタイムは部品1個をつくるための時間
- ●作業順序は作業内容とその作業を行う順番
- ●標準手持ちは最小限の仕掛品個数

タクトタイム

$$\text{1日当たりの必要数} = \frac{\text{1カ月の必要数量}}{\text{1カ月の稼働日数}}$$

$$\text{タクトタイム} = \frac{\text{1日の稼働時間}}{\text{1日当たりの必要数}}$$

$$= \frac{\text{480分}}{\text{435コ}}$$

$$= \text{66秒}$$

作業順序

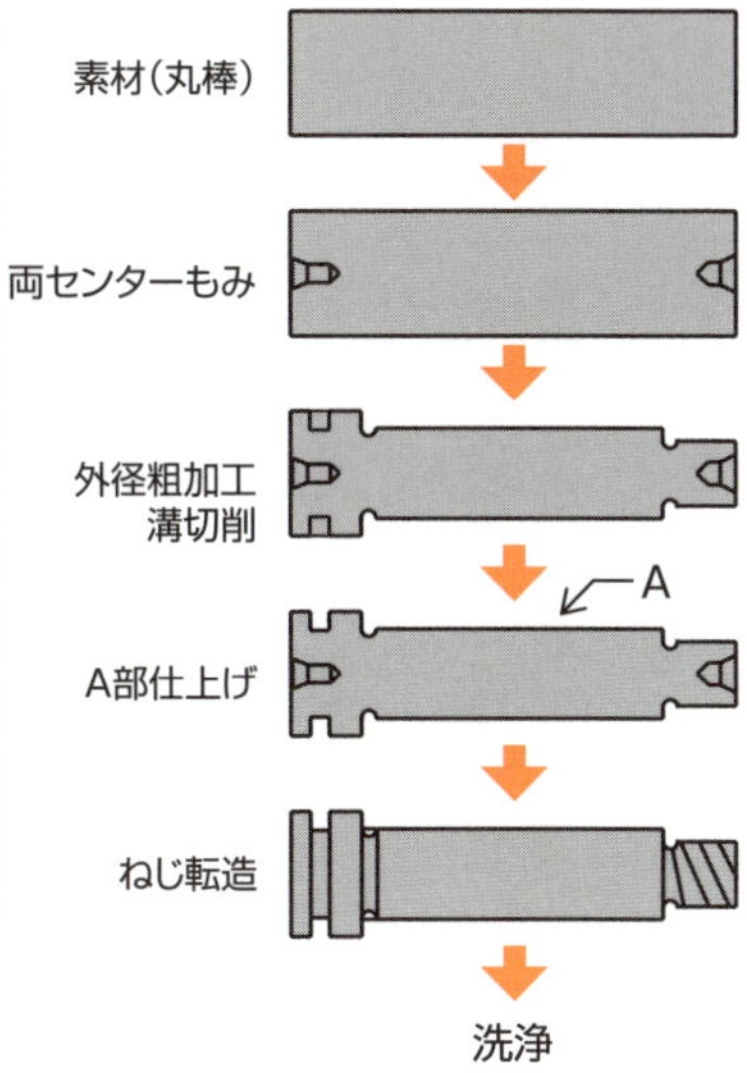

標準手持ちの考え方(作業順序によって変わる)

作業順序が加工順序と同じ

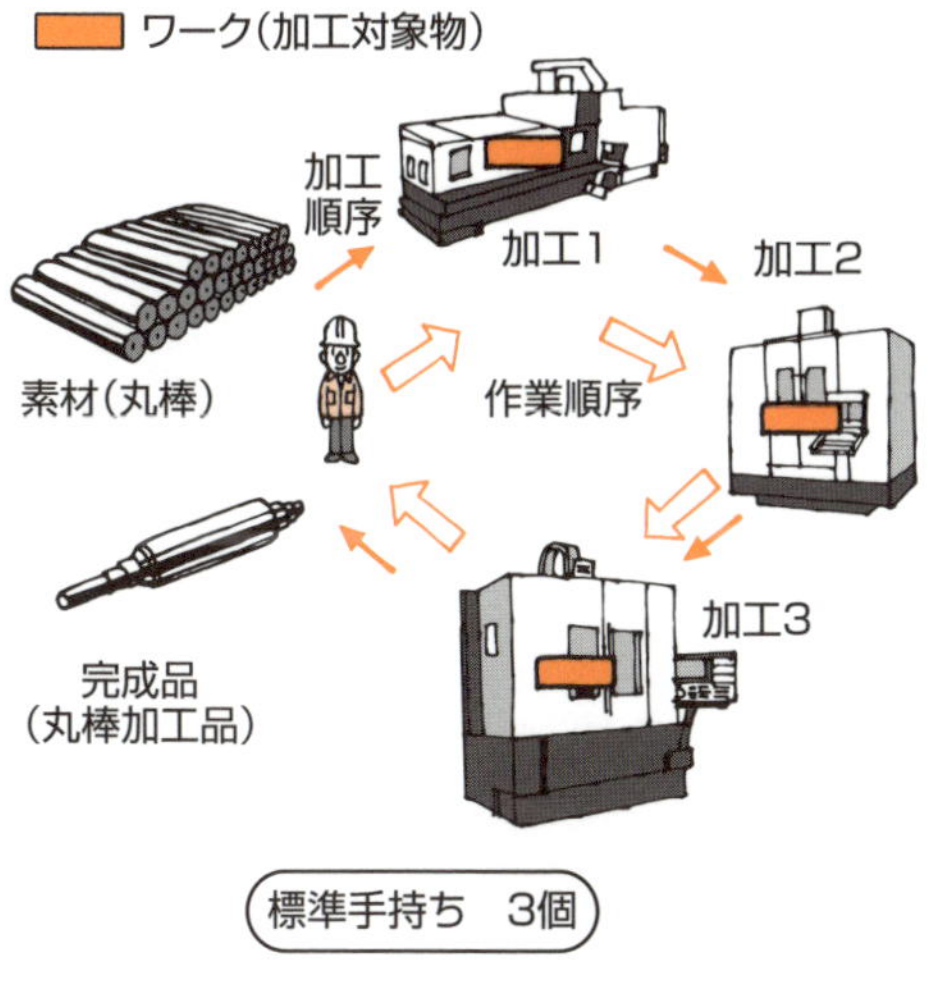

作業順序が加工順序と逆

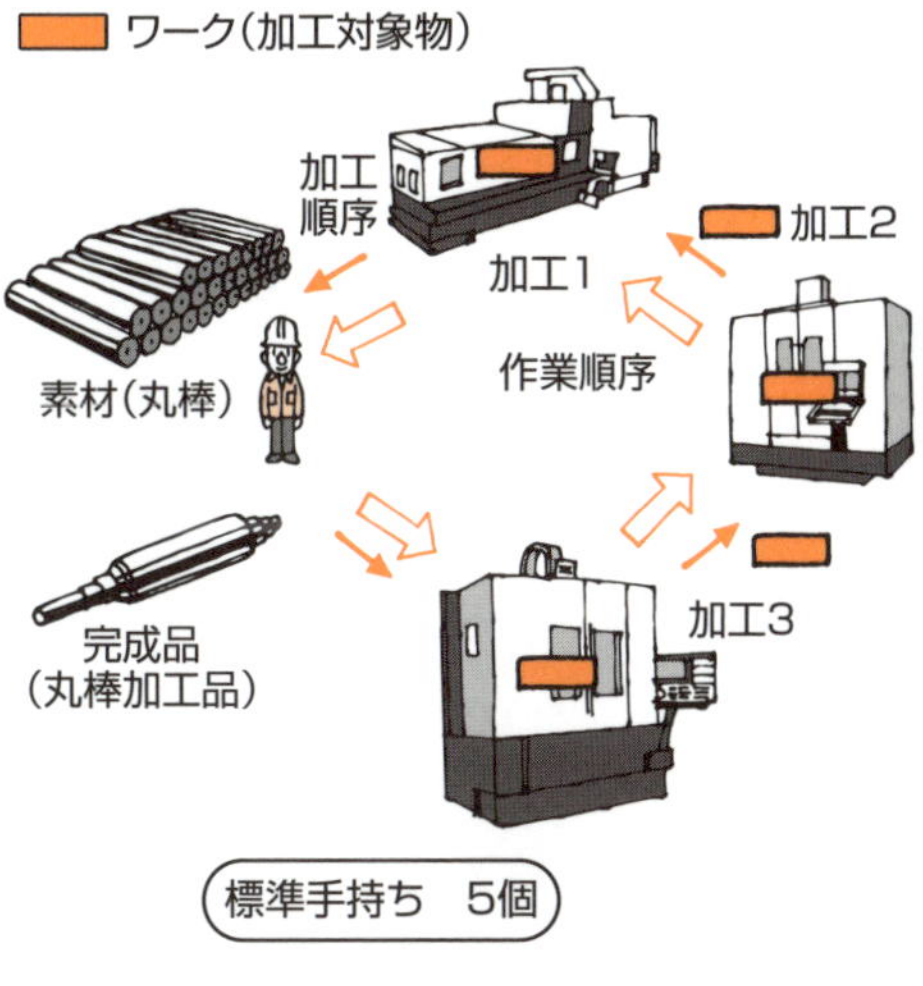

43 工程別能力表

部品ごとに工程（設備、検査、手作業）の加工能力を表すもの

工程別能力表は、各工程の部品の加工時間（機械、検査、手作業など）を示す表です。

(1) 工程別能力表の利用目的

標準作業を作成する際に、「標準作業の組み合わせ」を決める基準として使われます。また、この表を使うことで、工程内でボトルネックとなっている機械や手作業を明確に把握でき、改善のための手がかりを得ることができます。

(2) 工程別能力表の作成手順

工程別能力表作成前に、加工工程の順序を決めます。

①工程順序、工程名称：検討した加工工程の順に部品を加工する工程名称を記入します。同一工程で機械が2台あるときは別々に記入します。

◇1台の機械が2個取りや3個取りの場合は、それも記入

◇品質チェックなどある頻度で定期的に行う作業は、1個当たりの作業にして記入

②機番：使用する機械番号を記入します。

③基本時間：以下の3条件を記入します。

◇手作業時間（ハンドタイム）：作業者が機械で行う作業時間を記入。一般的にはワークの脱着＋機械で行う必要作業とし歩行時間は除く

◇自動送り時間：機械がワークを加工する時間を記入

◇完成時間：1個の部品を完成させるのに必要な時間で、手作業時間と自動送り時間を合算

④刃具：刃具や砥石の交換または品質・精度チェックごとの個数を記入します。交換またはチェックごとの最短時間を記入します。

⑤加工能力：以下の計算式から算出します。

1日の定時間内にできる個数＝1日の稼働時間／（ワーク1個当たりの完成時間＋ワーク1個当たりの刃具交換または精度チェック時間）

要点BOX

●各工程の加工時間を表す

●ネックとなる工程や手作業はどれかをはっきりさせるための改善の手掛かりとなる

工程別能力表

工程別能力表	品番	5375-3698	型式	MR20	符号	改訂	年月日	点検	作成
	品名	副　軸	個数	1				岡田	伊藤 9.25

No.	❶ 工程名称	❷ 機　番	❸ 基本時間 手作業時間 分	秒	自動送り時間 分	秒	完成時間 分	秒	❹ 刃具 交換個数	交換時間	❺ 加工能力	備　考
1	(粗材取り出し)	─		3				3	─	─		普通能力表には書かない
2	両センターもみ	CE		9		50		59	140	1.00	630コ	センタードリル
3	外径、溝切り	BA3		10		50		60	10	30	530	チップバイト
4	外径仕上げ	LA4		10		50		60	10	30	500	チップバイト
5	ねじ転造	S1		8		32		40	100	3.00	700	ローラー
6	洗浄	洗浄機		2		38		40				
7	品質チェック			8		─		8				
	(完成品を置く)	─		2		─		2				普通能力表には書かない
		合計	52									

	項目	内容
①	工程順序、工程名称	加工順に上から並べる
②	機番	加工する設備、機械の番号
③	基本時間	手作業時間+自動送り時間
④	刃具	交換時間にバラツキがある場合は最短時間を記入
⑤	加工能力	1直当たりの定時間内でできる個数

参考:最も加工能力がない機械の加工能力欄を赤枠で囲み、見える化しておく

44 標準作業組み合わせ票

人の作業と設備の作業の時間的経過を把握する

標準作業組み合わせ票は、タクトタイム内でどのように作業を分担し順序立てるかを決め、人と設備の作業が時間を追ってどう進行するかを視覚的に理解する道具です。この票を活用することにより、部下一人ひとりの作業負荷のバランスを確認したり、未熟な作業者の課題を明確にしたりすることに役立ちます。

①稼働時間を必要な生産数で割り、タクトタイムを算出します。作業時間の軸に赤線を引くことで理解しやすくなります。

②各作業員が担当する工程の範囲を事前に決めます。

③全作業時間が、①で算出したタクトタイムにほぼ一致するように調整し、工程別能力表を使って正確に作業時間を集計します。なお、この表には歩行時間が含まれていないため、歩行時間を別途正確に計測する必要があります。

④最初に行う作業を決め、手作業の時間と機械の自動加工時間を記入します。

⑤次に行う作業を決めます。以下の点に注意します。

◇機械間の移動時間（歩行時間）は波線で、加工時間は実線で、自動送りは点線で示し、次の手作業の開始時点を超えないようにすること

◇品質チェックのタイミングを考慮すること

◇工程順序と作業順序は必ずしも一致しないこと

⑥④と⑤の手順を繰り返し、すべての作業順序を確定します。

⑦すべての作業は、次回の最初の作業まで完了することが必要です。最後の作業がタクトタイムの赤線と一致すれば、作業の順序が適切です。赤線の手前で終わる場合は作業の追加を、超過する場合は作業の短縮を検討します。

⑧最後に、現場監督者が決定した作業順序で作業を実行し、タクトタイム内に収まれば、標準作業票を作成して作業者に教育します。

要点BOX

- 工程ごとの作業必要工数を見積もる
- 1人の作業時間合計をタクトタイム内に収める
- 待ち時間が発生しないように作業をつなぐ

標準作業組み合わせ票の例

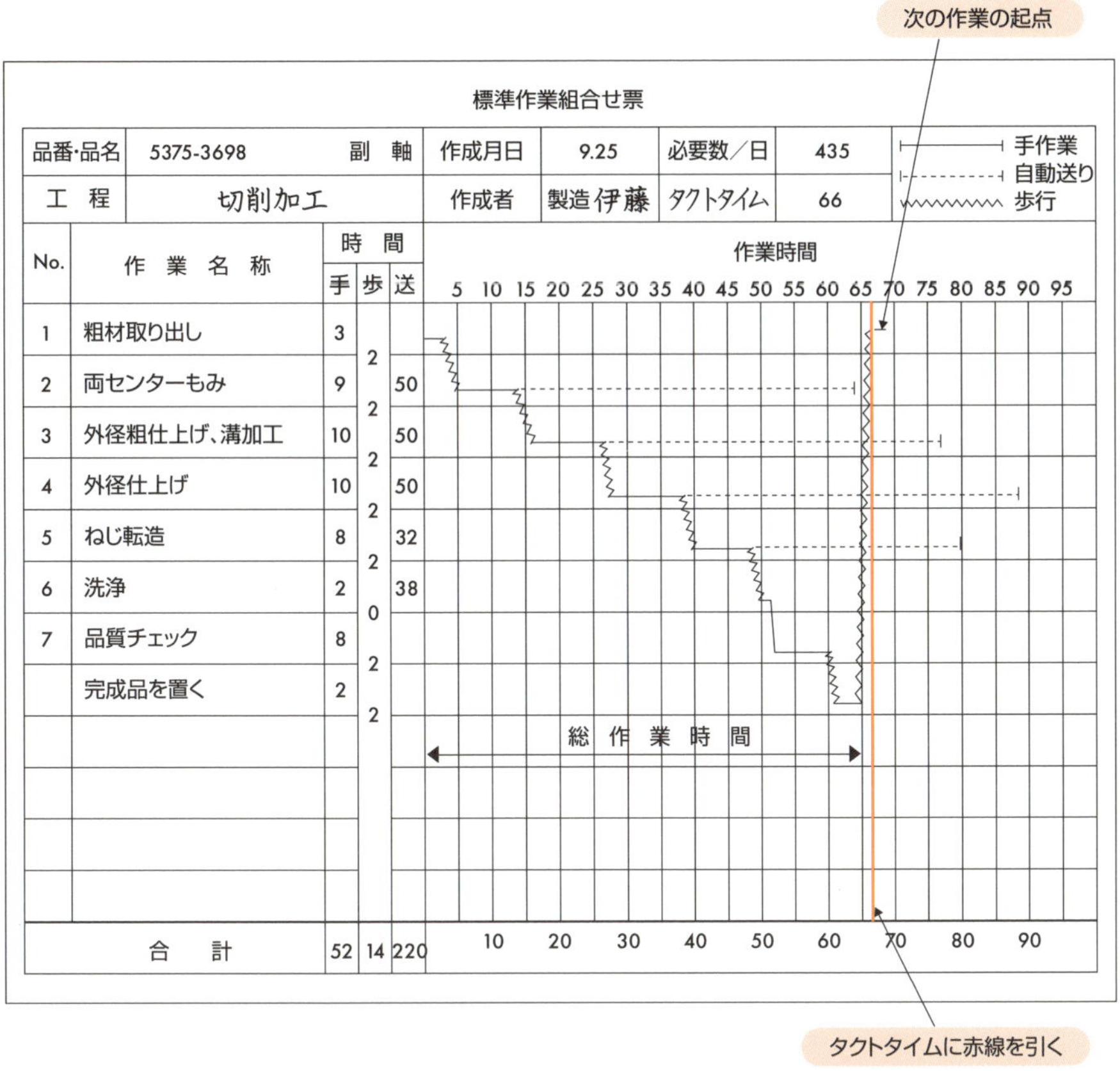

No.	作業名称	時間 手	時間 歩	時間 送
1	粗材取り出し	3	2	
2	両センターもみ	9	2	50
3	外径粗仕上げ、溝加工	10	2	50
4	外径仕上げ	10	2	50
5	ねじ転造	8	2	32
6	洗浄	2	0	38
7	品質チェック	8	2	
	完成品を置く	2	2	
	合　計	52	14	220

	項目	内容
①	タクトタイム	必要数からの算出
②	作業名称	作業順に並べる
③	作業時間	手作業時間（一実線）、自動送り時間（・・・点線）、歩行時間（波～線）を記入。歩行時間がない場合は真下に実線を引く
④	総作業時間	実際の作業時間の積み上げ

次の作業までの「手待ち」が発生する場合は「⇔」で見える化しておく

45 標準作業票

正しい作業が行われているか、ムダな動きを確認するツール

標準作業票は、標準作業組み合わせ表を作成した後、1人当たりの作業範囲を記入して作成します。この票には、設備の配置やタクトタイム、標準手持ち、安全に関する必要な情報が記載され、生産現場の該当する工程やラインの初工程に掲示されます。正しい作業が行われているか確認するための「目で見る管理」の道具です。

標準作業票の目的は、管理者がラインの作業状況を把握するための管理ツールであり、ライン上に潜在する問題点の発見に役立ちます。また、職場の監督者が標準作業票を掲示することで、「自分がこの作業を指示している」という意思を明確に示すことになり、その内容について責任を負うことを表します。記入項目には次のものがあります。

(1)タクトタイム

標準作業組み合わせ票で記入された時間を使用します。計算式は以下となり、正味時間は歩行時間を除いた正味作業時間を記入します。

タクトタイム＝1日の稼働時間／1日当たりの生産必要数

(2)標準手持ち数

図に記入された「●」(標準手持ち)の数で、自動送りがある機械は1個、また逆順序作業の場合はさらに1個持つことになります。標準手持ち数は効率的に生産するために必要な仕掛品数で、これより多くても少なくても正常ではないと考えます。

(3)安全注意

図の中に「十」印で記入され、刃具を扱う機械などに付されます。

標準作業票を作成、掲示する効果は次の通りです。

◇作業者が標準作業を守るガイドラインとなる
◇管理者が見て、標準作業しているかどうかのチェックリストになる
◇現場の問題点を早めに認識できる

要点BOX
●ラインに潜む問題の発見に役立つ
●作業員ごとの作業範囲を図示
●標準作業を守るガイドラインとなる

標準作業票に盛り込むべき内容

1 作業目的（何を加工するのか、製造物は何か）

2 作業条件（設備、治工具、標準時間など）

3 設備レイアウト

4 加工、組立時の作業手順

5 要求される品質規格

6 材料·部品の略図

7 作業上の留意点、ポイント

8 作業の安全性、注意のポイント

標準作業票の記入例

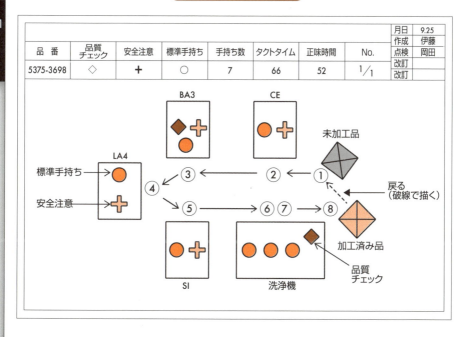

月日	9.25
作成	伊藤
点検	岡田
改訂	
改訂	

品 番	品質チェック	安全注意	標準手持ち	手持ち数	タクトタイム	正味時間	No.
5375-3698	◇	＋	○	7	66	52	1/1

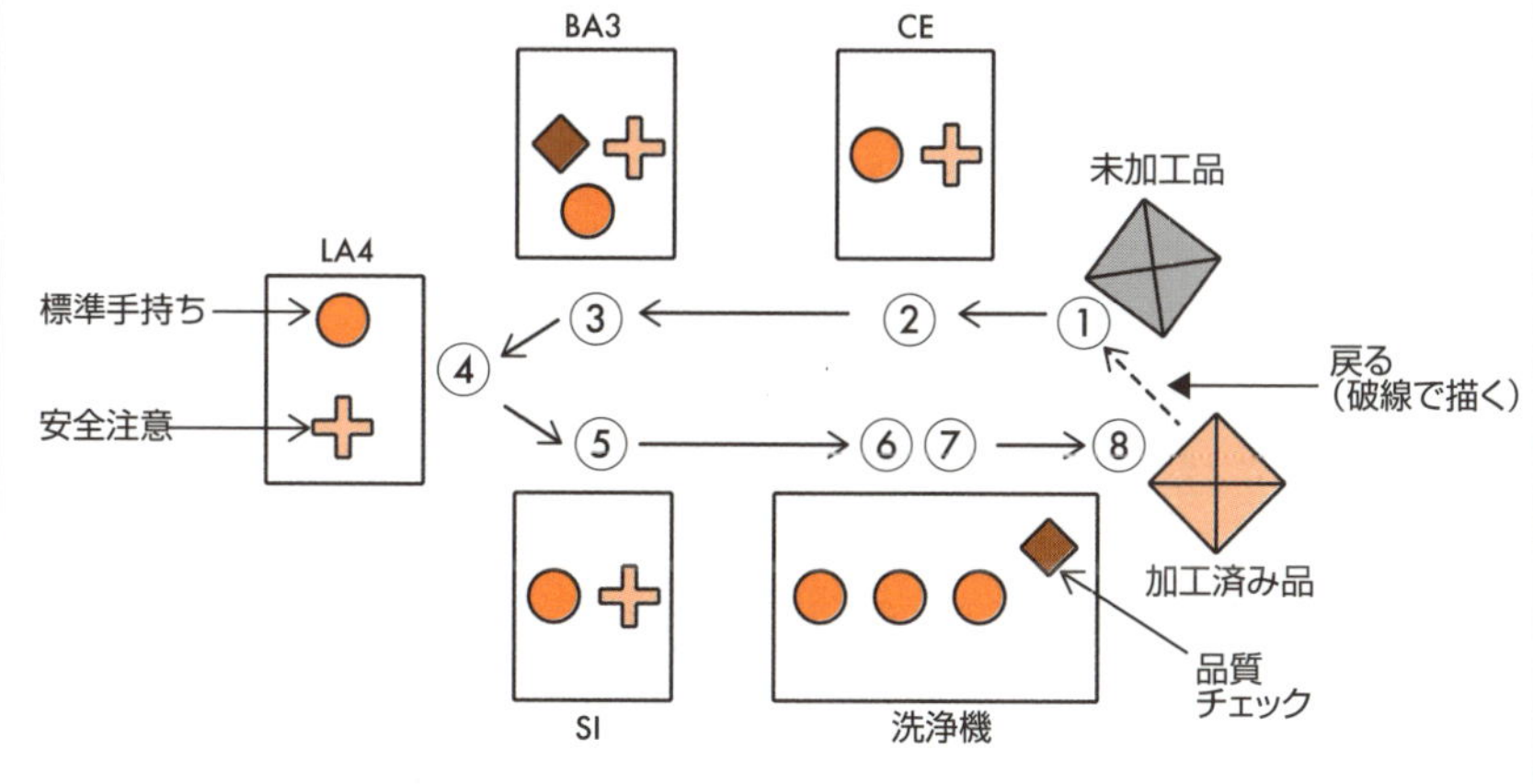

46 標準作業と作業標準

名称は似ているが異なるもの

作業標準とは、標準作業を行うための作業のやり方や、機械操作などを標準化したものです。作業標準の内容は、目的・用途・対象などによって異なります。代表的なものとして、QC工程表や作業要領書、品質チェック表、保全点検表などがあります。

作業標準の一例としてQC工程表を説明します。

QC工程表（Quality Control Process Chart）は、品質管理を行うための重要な道具です。この表は、各工程における品質管理の要点や検査項目を整理し、全体の流れを視覚的に把握するためまとめたものです。「製品品質を工程ごとにつくり込むために、製品の工程を原材料・部品段階から出荷までの全工程で、誰が、いつ、どのような方法で管理し、その結果がどうであるかを管理項目・管理方法、検査方法の形で一覧表とします。不良品を受け取らない、つくらない、送らない仕組みづくりのために欠かせない帳票です。

基本的なQC工程表の構成要素は以下の通りです。

①作業内容：各工程で実施される具体的な作業内容（例：「機械加工」「溶接」「組立」）を記載します。
②管理項目：その工程で管理すべき品質項目で、寸法や外観、性能などの品質基準を示します。管理項目は、製品品質に直接影響するため重要です。
③検査方法：管理項目に対する検査や測定方法で、ノギスでの寸法検査や目視検査などが相当します。
④検査基準：検査における合否判定の基準で、たとえば寸法が±0・5㎜以内かどうか、外観にキズがないかなど合格と不合格の基準を明確にします。
⑤検査頻度、個数：各工程でどの時期に検査を行うかを定義します。「毎回検査」「ロットごと検査」「ランダム検査」など頻度や個数が指定されます。
⑥記録方法：検査結果をどのように記録するかを示します。検査表への記入、デジタル記録など、結果を後で追跡できるようにするための仕組みです。

要点BOX
- 標準作業は、設備とモノを扱う人の動きをスムーズに組み合わせたもの
- 作業標準は作業を正確かつ効率的に行う手順

QC工程表の作成のポイント

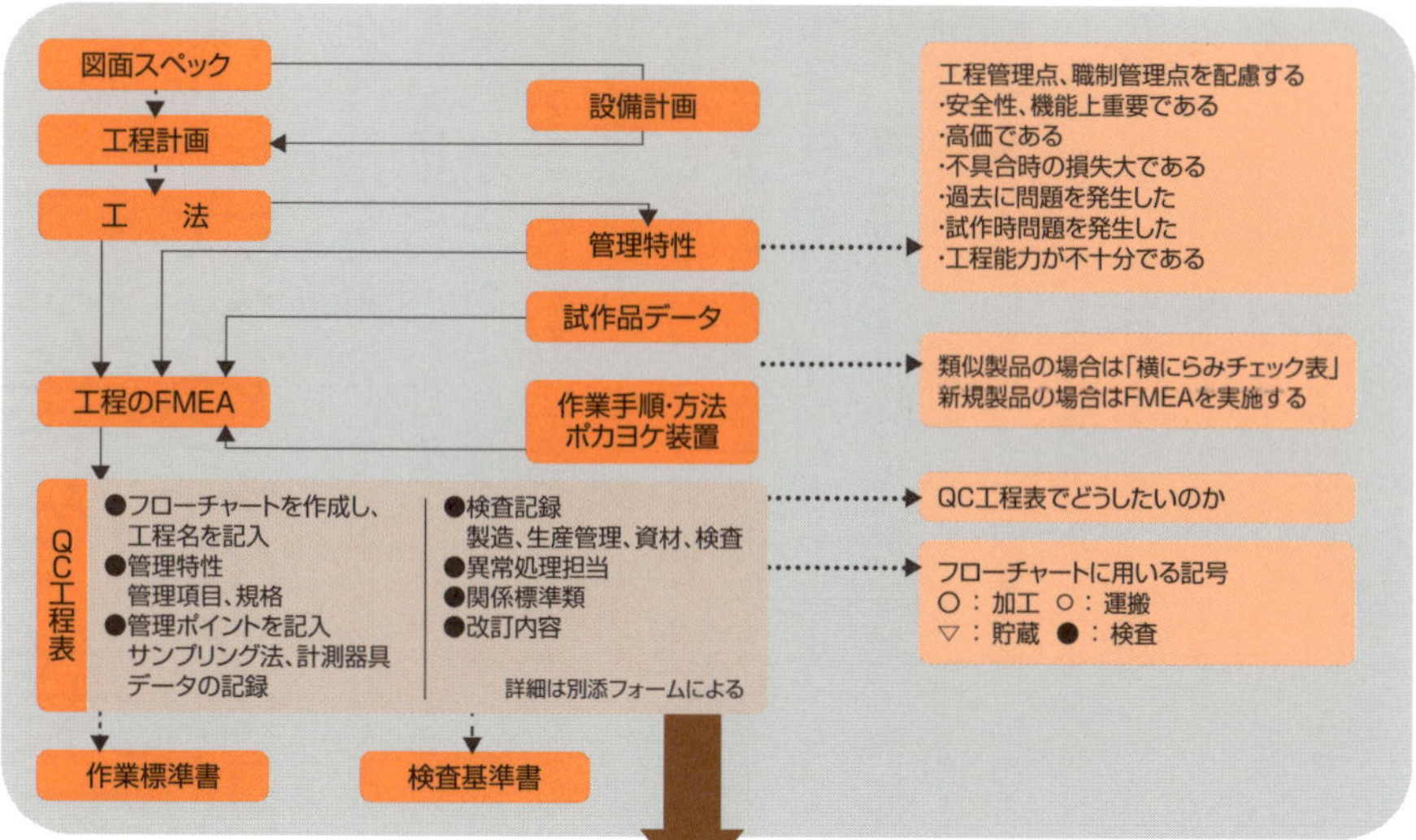

QC工程表

符号	改訂・理由	年月日	改訂者	点検
△				
△				

形式	0564	工程名または部番・名称	T517463 OOトリム	制定	03.4.1	認可	印	点検	印	作成	印	整理番号	123

フローチャート	工程名	管理点		サンプリング法	計測器具	データの記録(様式・時期など)	製造			生管資材	検査	異常時処理	異常処理担当	関連標準類
		管理項目	規　格				作業者	班長	係長					
▽	原料受入	M1色調	ABS000 ナチュラル	1回／製造ロット	メルトインテクサー成績書チェック	受入ピース保管 原料受入成績書				○	受入	異常処置基準	品保部門 資材部門	受入検査規定
▽	マスターバッチ受入	色調	有意差がないこと △E=1.0以内	↑	成績書チェック 色差計　目視	↑	○			○	↑	異常処置基準	↑	↑
①	原料乾燥	温度 時間	90℃+10℃／−20℃2Hr以上	2回／日	乾燥機 温度計	ドライヤー温度点検記録表	○	○			−	異常処置基準	製造部門	
②	原料配合	配合比	ナチュラル　15 マスタバッチ1	1回／配合時	混合計量器 ミコ	混合器検量点検記録表	○	○			自主	異常処置基準	↑	↑
③	射出成形	成形条件	標準条件値	3回／日	成形機 メーター	成形条件表		○	○		↑	異常処置基準	↑	標準条件表
④	仕　上	ゲートバリ	標準見本と同等のこと 検査基準内のこと	全　数	目　視 手　触	↑	○	○			↑	異常処置基準	↑	
◇	中間検査	外観色調	↑	3コ／成形ロット	↑	↑	○	○			中間	異常処置基準	製造部門 品保部門	中間検査実施標準
▽	保　管	↑	汚れ、キズなどないこと	全数	目　視	チェックシート	○	○		○	自主	異常処置基準	製造部門	自主検査実施標準
▽	部品受入(クリップ)	外観形状	図示指定 有害なカエリないこと	3コ／受入ロット	目　視 スケール	受入伝票				○	受入	異常処置基準	品保部門 資材部門	受入検査規定
▽	↑(パッド)	↑	図示指定	↑	目　視 ノギス	↑				○	↑	異常処置基準	↑	↑
⑤	組　立	外観状態	欠品、ガタつきなどないこと	全　数	目視 手触	チェックシート	○	○			自主	異常処置基準	製造部門	
◇	完成品検査	↑	検査基準内	↑	↑	↑	○	○			完成	異常処置基準	品保部門 製造部門	倉入検査標準
▽	出　荷	外観検査	汚れ・キズ・異品荷姿などの異常なきこと	↑	目　視	出荷伝票				○	出荷	異常処置基準	生産部門	↑

用語解説

FMEA（Failure Mode and Effects Analysis、故障モード影響分析）：製品やプロセスの設計・製造において発生し得る故障や不具合の可能性を事前に特定し、その影響や重要度を評価するための手法である。この分析により潜在的な問題を未然に発見し、対策を講じてリスクを軽減することができる

47 標準作業をもとにさらなる改善

標準作業が整備されて初めて改善が進む

現在行っている作業について、現状を正しくありのままに記録することを「表（オモテ）化する」と言い、「表準作業」と呼びます。「表準作業」からは、いろいろな問題が見つかります。たとえば、作業のモタツキで作業時間がばらつくとか、タクトタイムに対して各工程の工数のアンバランスが現れるなどです。これらの問題点を改善して標準作業にするのです。

標準作業は改善のベースとなるものです。ムダをなくして、良い品質のモノを安全に安くつくり、誰もが守れる作業条件で、構成されるように考えたものが標準作業です。したがって、標準作業を進める中で何らかのやりにくさや疲労が少しでもあれば、それが改善の糸口となります。

たとえば、作業の組み合わせについてタクトタイムを基準に行っても、タクトタイム内に作業が終わらなかったり、作業が早く終わり手待ちになったりする場合があります。このようなときは、どちらも改善が必要です。また、生産量の増減や応受援による人数変動が生じる場合、工程変更が行われる場合などは、諸条件の変化に対応して標準作業の3要素が変わるため、見直しは当然必要となってきます。こう考えると、標準作業は作業改善のために存在すると言えるでしょう。

仕事の中には、特定の熟練者でなければ作業が進まないようなケースも生じます。この場合は、標準作業を変えるのではなく、未熟練者が標準作業をできるようになるまで教育・訓練することが必要です。

標準作業に基づいて改善を進める場合、次のような点が留意すべきポイントになります。

①品質の向上と安定
②原価低減のための工数低減
③目で見る管理の徹底
④仕掛品や在庫の低減
⑤安全作業の徹底と作業性の向上

要点BOX

- ●まず、事実をありのままに記録する
- ●やりにくい、疲れるなどの問題点を見つけることが作業改善の糸口になる

標準作業の改善サイクル

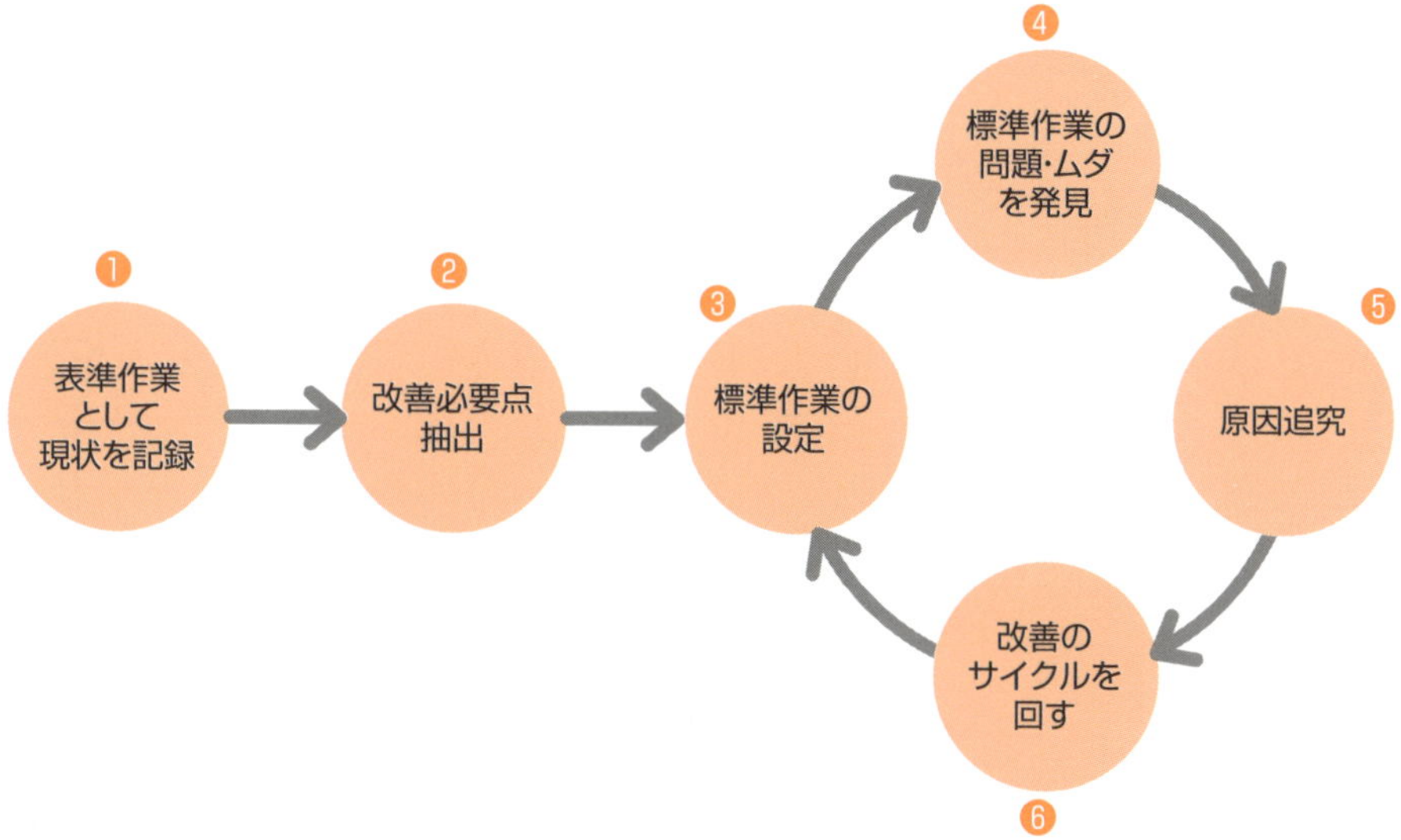

	ステップ	内容
①	表準作業として現状を記録	現場で行われている作業をありのままに記録する
②	改善必要点抽出	表準作業の問題点、ムダを見つける
③	標準作業の設定	標準作業の3要素を入れるとともに、作成者の意志を入れて標準作業を設定する
④	標準作業の問題・ムダを発見	標準作業を実施する中で、作業時間のバラツキや、やりにくさ、疲労感がある作業を見つける
⑤	原因追究	問題の根本原因を探り、根本的な改善を行う
⑥	改善のサイクルを回す	PDCAを通じて改善策を実行し、改善内容を標準作業に組み込み、改善が継続されるプロセスを強化する

48 標準作業と安全作業の徹底

安全は最重要事項で常に最優先して取り組む

「安全はすべてに優先する」と強調されるように、作業においても安全は見過ごすことのできない最重要課題と言えます。標準作業においても安全は常に最優先に考慮すべきで、生産活動のすべてにおいて優先しなければならない重要な要素です。

製造現場の災害の多くは、異常対応の例外作業や準備・後始末作業中に発生しています。また、標準作業に従った作業中のケガは、作業のやりにくさや無理な姿勢が原因である場合がほとんどです。

このような流れ作業でのやりにくさや、作業時の動作における無理な姿勢などは作業性を大きく妨げてしまいます。これは動作の停滞だけでなく、メンタル面においても不安定さを増すことになり、不安全な行為を誘発します。

これらを踏まえ、安全作業を推進するには、やりにくさや無理な姿勢の改善に加え、安全対策を考慮した標準の整備が重要です。現場で監督者が自ら実践するとともに、作業者のやり方を観察することで問題点を的確に把握し、改善することで標準作業に反映することが求められます。

ハインリッヒの法則によれば、1つの大きな災害の背後には29回の小災害と、300回の「ヒヤリ」「ハット」が存在します。やりにくい作業や無理な動作などを放置すると、いずれは大事故につながると考え、早期対応が必要です。

さらには、危険予知トレーニング（KYT）など積極的な安全対策も有効です。危険予知トレーニングは4つのラウンドで進めます。第1ラウンドでは現状を把握し、作業に潜む危険を明確にします。第2ラウンドでは本質を追究し、危険の主要ポイントを特定します。第3ラウンドで対策を立て、最適な解決策を考案します。最後の第4ラウンドでは目標を設定し、具体的な行動ルールを決定して教育徹底させ、職場の安全性を高めていくのです。

要点BOX
- ●安全を標準作業の中に盛り込む
- ●ヒヤリ・ハット提案制度や指差呼称の活用
- ●KYTの実施

災害発生の仕組み

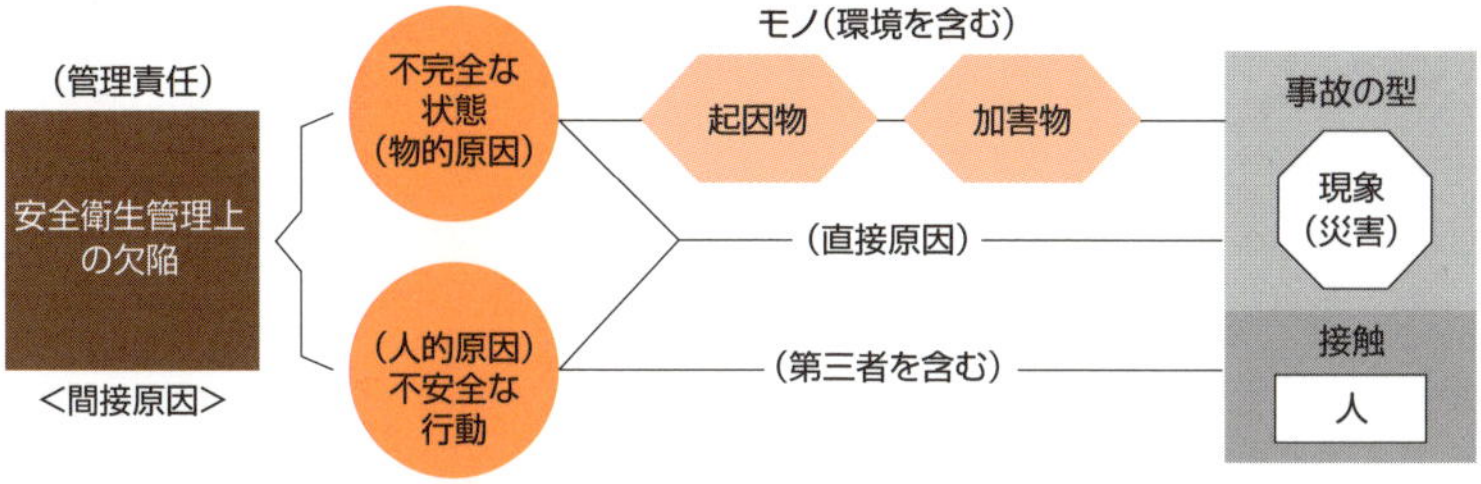

ヒヤリ・ハットの体験からの報告例

ヒヤリ・ハット情報、問題提起票

成形課

課長	係長	作業長
岡田 04.6.5 課長	／	一井 04.6.4 作業長
他課依頼	課内周知	
	✓	

該当へ✓印記入→

[目的]　・ヒヤリ・ハット情報、問題を提起し、各自の危険予知能力を高め、安全無災害を達成する

[問題提起項目]　・ヒヤリ・ハット事例、無理な作業、多少危険と感じている作業または場所
・発生頻度の高い設備トラブルまたは設備上の不具合、その他

NO	ヒヤリ・ハット情報、問題提起	提起者	対策（本人記入）、既に実施したもの、当面処置すべき対策、考えられる対策、恒久対策
	成形品の仕上げ作業時、カッターナイフの刃が必要以上出ていたため、使用中に折れた	井上	原因① 必要以上に刃出ししていた ② 薄刃カッターを使用していた 対策 成形仕上げ専用のカッターを使用「使用工具ヨシ！」

1.対策（課長、係長、安全主事、作業長記入）　6／7（月）課内朝会で周知徹底

2.フォロー内容　ヒヤリ・ハット情報に記載して掲示板に掲示

ラウンド	内容	手順	具体例
第1ラウンド	現状把握	どんな危険が潜んでいるか	チームで作業現場に潜む危険を発見し、その要因と引き起こす現象を想定して意見を出し合う 例：フォークリフトが頻繁に通行し、作業者の動線と交差している
第2ラウンド	本質追究	これが危険のポイントだ	発見した危険のうち、これが重要だと思われる危険のポイントをチームで決める 例：フォークリフトと作業者の交差する点で接触事故が発生するリスクが高い
第3ラウンド	対策樹立	あなたならどうする	危険のポイントを解決するためにはどうするかをチームで考え、具体的な対策案を出す 例：フォークリフトと作業者の動線を完全に分けて、作業者の横断場所を設定する
第4ラウンド	目標設定	私たちはこうする	対策を実行するためのチーム行動目標を設定し、ルール順守を宣言する 例：横断場所に安全標識を追加し、作業者が横断するときは指差呼称を行い、フォークリフトの接近がないことを確認する

用語解説

KYT：K（危険）、Y（予知）、T（トレーニング）の略。日常活動の中から作業環境、設備の姿から危険を予知し潜在的不安全動作を排除する活動

49 標準作業と多能工化

多能工とは複数の業務をこなせる人のこと

製造ラインでは、作業者が欠勤すると生産に影響が及びます。特に小ロットまたは1個流し生産を行うトヨタ生産方式では、工程間仕掛りを圧縮しているためその工程がネックとなり、生産が止まります。しかし、1人で複数の仕事をできるように多能工化しておけば、いざという時に困らなくて済みます。

また、1人の作業者が一連の多工程の作業を受け持てるようになると、各工程の作業内容や問題点をより深く理解することができます。そのため、ロスや異常は作業者自身で見つけやすくなり、この意味でも多能工化は重要です。

また、職場にとっても個人にとっても、以下に掲げるようにメリットが多い取り組みと言えます。

◇常に1つの仕事を複数の人が応援できるので、1人が休んでも他の人で対応できる
◇仕事の割り振りが変更しやすい
◇生産量に対応した人員配置が可能
◇複数の視点が反映され、仕事の改善がしやすい

多能工化教育の基本方針は5W1Hを明確にし、どの工程で何を行うかを規定します。また、多能工化の推進を円滑に進めるためには、「便利屋にされてしまう…」という誤解を招かないよう十分に説明して作業者の理解を得て、一番有能な人から計画的にローテーションを組んで実施することが大事です。

作業者の習熟度合いの現状と計画を、多能工訓練計画表（星取表とも呼ぶ）で全員にわかるように表示します。この表を職場に掲示し、職場の中で競争し合い、お互いに助け合って計画的にレベルアップを図っていきます。

多能工化の実施に当たっては教育・訓練が重要です。その一つの方法として、当該工程の作業員が相互に、相手に対して自分の技能を教え合うというやり方があります。こうすれば、同時に2つの工程に対して多能工化が進められることになります。

要点BOX
●標準作業の推進に多能工は不可欠
●計画的なローテーションで育成していく
●習熟度合いを星取表で管理

多能工化教育の基本方針

何を（設備・工程）	誰に	誰が	どのように（方法）	なぜ（目的）	いつ どれくらい
1つ前の工程 1つ後の工程	作業員	当該工程の作業員または監督者	OJT	●ライン欠員対応 ●人の異動がフレキシブル ●後工程に気を配り、品質が良くなる	1週間試行
段取り替え	一番近くの作業員	同上	OJT	●応援し合う	その都度
新設ライン	まず監督者またはリーダー	スタッフ一監督者またはリーダー	機械操作のみ標準作業は自作する	●リーダーシップ ●標準化	据え付け、試し削りの直後から立ち上がりまで

多能工訓練計画

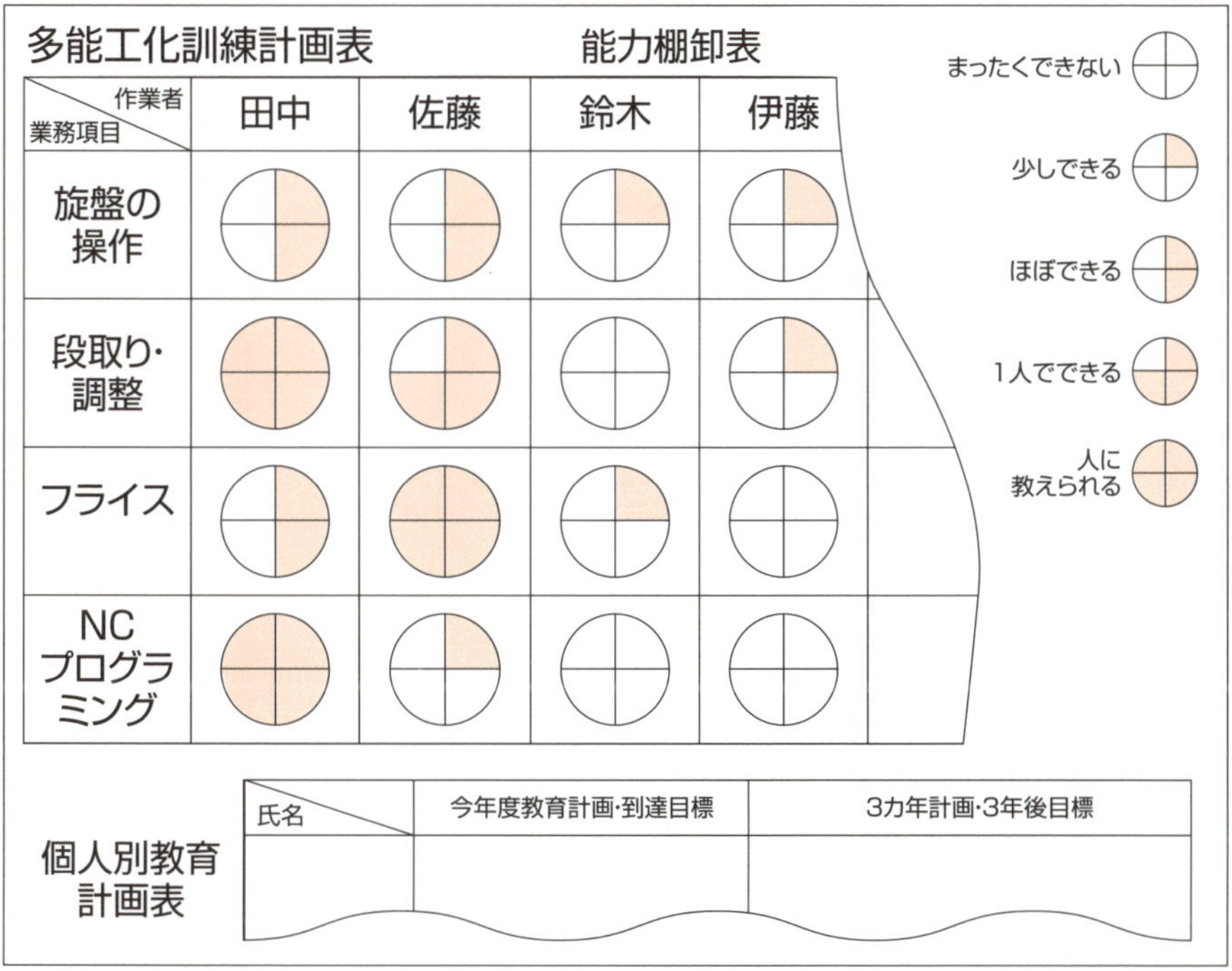

Column

製造現場は標準作業で安全・安心

　標準作業は、安全かつ安定した業務を実現するカギとなります。特に製造現場では、安全の確保が生産性向上の基本です。作業内容を明確に定義することでヒューマンエラーを減らし、リスクを回避します。これによって、ケガや事故の発生率が低減することができます。

　さらに、標準作業は心理的負担も軽減します。同じ手順を守ることで、複雑な判断や即興的な対応が減り、集中力が向上します。これが心理的な安定をもたらし、余計なストレスの回避に役立つのです。

　標準作業がもたらす「安心」は、労働者の心身の健康維持に寄与します。安全な環境で手順を守ることの習慣化は、心の健康にもプラスです。メンタルヘルスの向上は企業全体の生産性にも直結します。

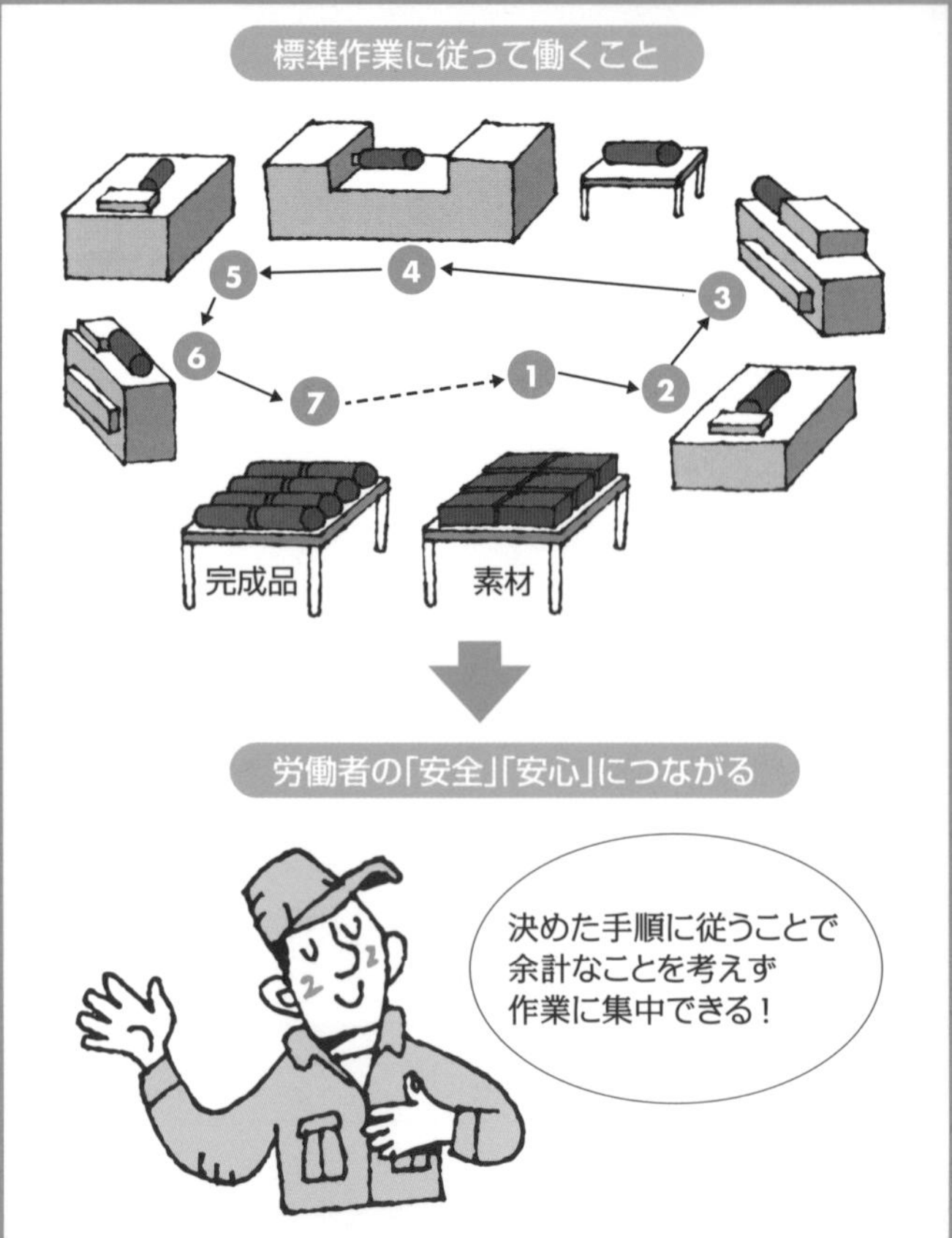
標準作業に従って働くこと
1
2
3
4
5
6
7
完成品
素材
労働者の「安全」「安心」につながる
決めた手順に従うことで
余計なことを考えず
作業に集中できる！

第7章 目で見る管理

目で見る管理は、トヨタ生産方式における継続的な改善を支える重要な仕組みで、品質向上やコスト削減、納期短縮を実現するための強力なツールです。現場の状況を「見える化」して問題や異常を早期に発見し、迅速な対応を可能にします。

たとえば標準作業が確立され、職場が整理整頓されていると、異常が発生した際にすぐに目立つようになります。これには、ライン停止時に点灯する「アンドン」や、生産の遅れを知らせる「生産管理板」などの視覚的な情報伝達ツールが役立ちます。

50 目で見る管理とは

ムダを見つけ、ムダを省くための管理

改善活動を推進するには、職場で発生している問題や異常、ロスやムダをひと目で把握できることが重要です。そして、トラブルや悪影響が生じる前に、迅速に対処することが求められます。つまり、「誰でもわかる職場づくり」や「わかりやすい職場づくり」が前提であり、これは品質向上や生産リードタイム短縮、工数削減、在庫削減、最終的なコストダウンを実現するために欠かせません。その基本となるのが「目で見る管理」です。

目で見る管理とは、管理者や監督者が現場に足を運んだ際、誰にも確認せずに生産の状況が正常か異常かを、ひと目で判断できる状態を指します。管理者が確認したいポイントを明確にし、見た結果をもとに改善を進めます。見せるためだけの仕組みではなく、確認した情報をもとに具体的なアクションを取ることが目的です。

進捗管理の例として、当日の生産計画に対する進捗状況を把握する場合、作業がすべて終了してから確認すると手遅れになります。しかし、1時間ごとに成果を表示すれば、途中で遅れが発生しても早めに対策を講じることができ、最終的に計画通りの生産量を達成できるようになります。

目で見る管理は、トヨタでは「見える化」とも呼ばれ、問題点を明確にすることを指します。よく「目で見る」と聞くと、簡単に導入できそうに感じる人もいますが、大切なことは「見た後に何をするか」です。見ただけで「稼働率が悪い」と部下を叱ることはできても、それを改善できなければ意味がありません。

目で見る管理を導入することで、個々人の仕事を整理し、やるべきことを明確にすることができます。さらに、目で見る管理の推進により職場全員が同じ情報を把握しやすくなり、問題点を共有することも可能です。

要点BOX

- ●目で見る管理は問題点を顕在化させる
- ●「正常状態」を決めておけば、誰がいつ見ても、正常か異常かがわかる

「目で見る管理」の具体例

❶モノの「目で見る管理」

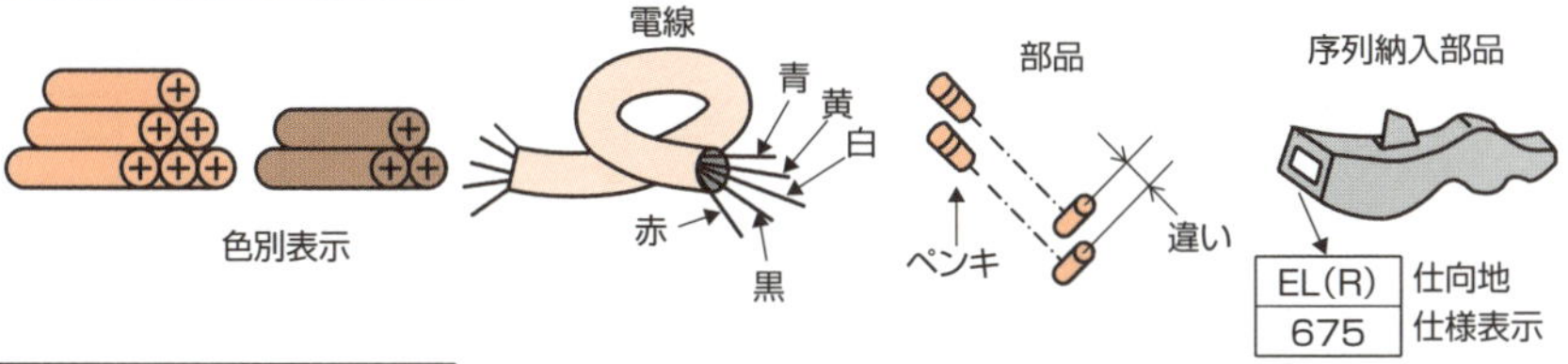

❷職場の「目で見る管理」

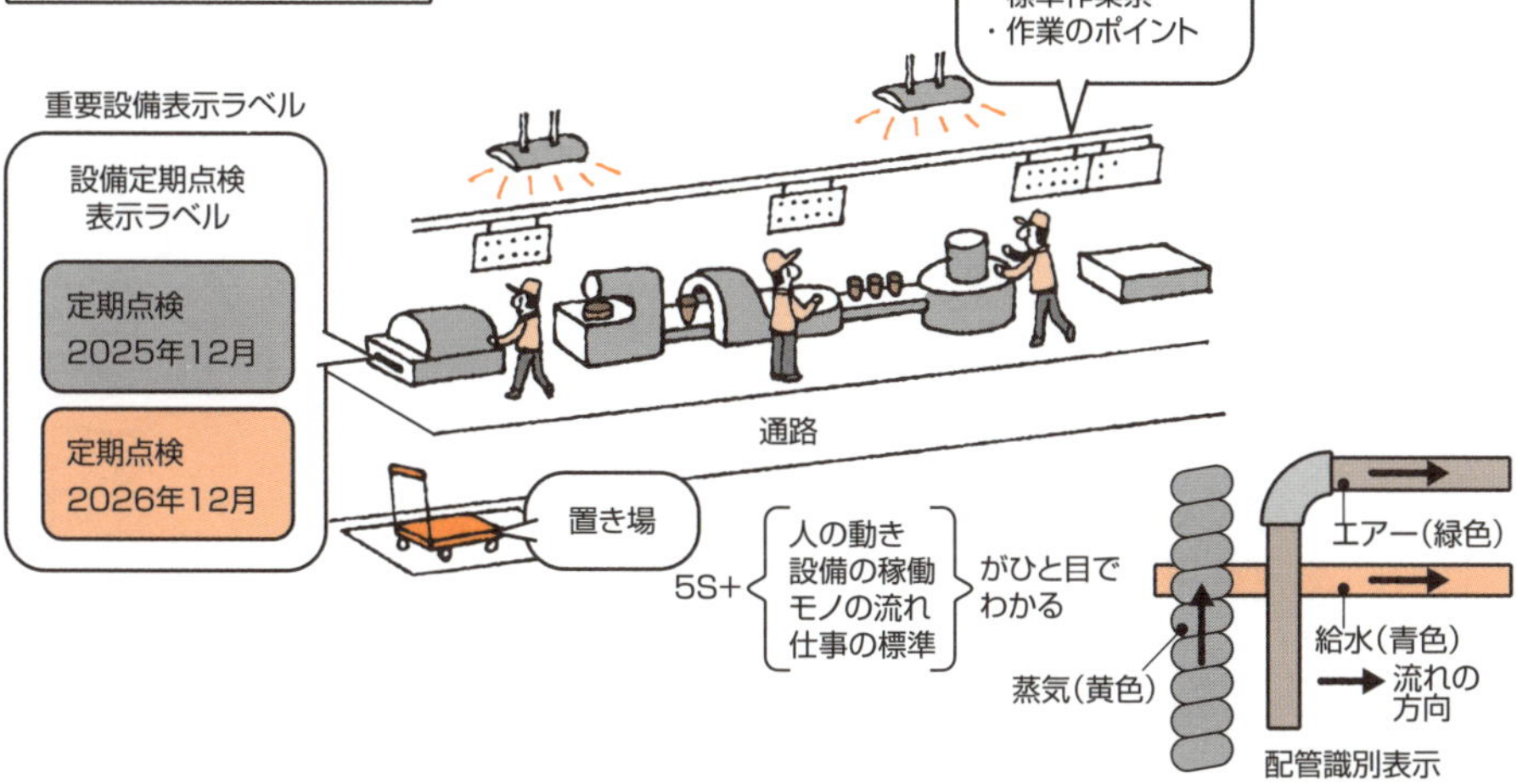

❸仕事の「目で見る管理」

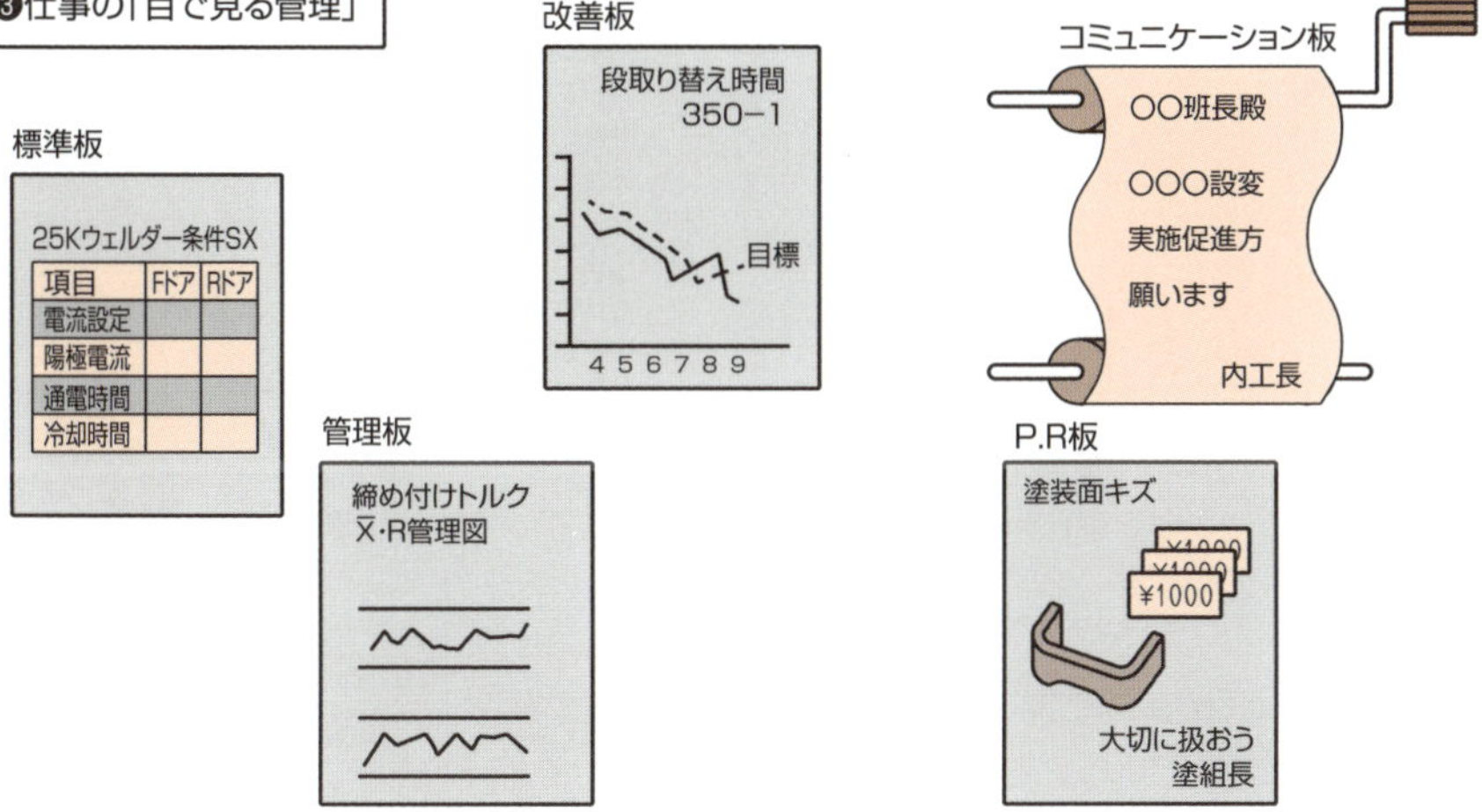

51 目で見る管理の目的と用途

異常に気づき、改善すること

目で見る管理は、日常との差異に気づく方策です。

(1)目で見る管理の目的

その目的は、企業の収益向上と体質改善に貢献することです。これは、職場の目標達成の手段として目で見る管理を導入・推進し、各自の仕事を整理してやるべきことをはっきりさせ、全員が情報を共有できる仕組みです。

(2)目で見る管理の用途

①異常や問題点の可視化

目で見る管理は、現地・現物・現実の三現主義の基本です。実際に作業している人こそ、「いつもと違う」ことに気づくことができます。全員が作業中に、その場で異常や問題点を見つける意識と能力を持てば、早期発見と早期対策が可能になります。さらに、改善のきっかけも見つけやすくなります。

②ムダの顕在化

「改善には終わりがない」という意識を持ち、ムダを見つけて徹底的に改善することが重要です。そのためには高い目標を設定し、それを根気よく達成しようとする継続的な強い意志が求められます。

③管理の効率化

目で見る管理は、全社員が特別な説明を受けなくても職場の状況をひと目で正しく把握でき、自分の役割や立場を理解できる仕組みです。これにより自主管理が可能になり、正常状態の維持に役立ちます。

(3)目で見る管理の対象

目で見る管理の対象は、職場のあらゆるものについてです。商品やサービス、材料、仕掛品、部品、機械設備、治具や刃具、運搬具、棚、機器、帳票や標準書類、掲示物などが含まれます。これらに対し、PDCAサイクルを回しながら管理を進めます。

(4)ITを活用した目で見る管理の進化

ITを活用して情報共有を図り、全社員の力を結集して問題発見や課題設定、解決に取り組みます。

要点BOX

- ●いつもと違うことを発見する
- ●異常、ムダなどの問題を顕在化
- ●管理の効率化、原価低減

目で見る管理の目的と用途

目的

1 究極の目的ー企業の存続と成長発展
2 当面の目的ーPQCDSMEIの維持・向上

用途

1 **異常・問題の顕在化**
「いつもと違う！」と感じることを、全員ができれば、異常や問題の顕在化・早期発見はたやすい。そして、早期対策をとることもできる。また、異常・問題の顕在化は、改善の糸口にもなる

2 **ムダの顕在化**
誰が見てもひと目でわかるようにする

3 **管理の効率化**
職場を構成する全要素の管理の効率化が目的である。対象は商品・サービス、材料、仕掛品、部品、機械設備、型治具、刃具、運搬具、帳票・標準類、掲示物など

目で見る管理の導入手順

導入・推進の手順
目で見る管理

計画

- 自職場の目標未達項目・問題点の摘出
- 目で見る管理の他社・自社事例を研究
- 目で見る管理チェックリストによる点検
- 導入方針・目標・計画の立案

実施

- 5S
  第7章52項：5Sの推進
- 現品管理
  第7章53項：モノの置き方
- 工程管理
  第7章54項：生産管理板
  第7章55項：アンドン
- 作業管理
  第7章56項：作業管理推進のための目で見る管理
- 品質管理
  第7章57項：目で見る品質管理

確認

- 目標との確認
  （管理のサイクルは小さく速く回す。根気よく、工夫を積み重ねる）
- 標準化・マニュアル化

修正

- 体系化、総合化、全社化、定着化
- 目標との差異発生項目の改善

目で見る管理の変化

これまで

仕事の進み具合、正常か異常かがわかる。その後改善につなげる

これから

IT活用による故障予知などで業務効率化につなげる

52 5Sの推進

5Sとは整理、整頓、清掃、清潔、躾のこと

5S活動は、製造現場だけでなく事務所や物流、販売、サービスなどあらゆる業界や職場で効率化を進める基本的な取り組みです。5Sは「整理」「整頓」「清掃」「清潔」「躾」の5つを指し、「5Sに始まり、5Sに終わる」と言われるほど重要な考え方です。

5Sを効果的に推進するためには、職場全員の協力が必要です。また誰もがひと目でわかる形に整えることが大切なポイントと言えます。これにより、自然と全員参加の意識が生まれてきます。具体的に5Sを進めるための重要事項は以下の4つです。

(1)色別や数字を活用する

色別や数字を活用して見える化を図ります。工場内のエリアや通路、機械、運搬機器に決まった色を割り当て、仕掛品や運搬機器の置き場を線で区切ります。また、所（ところ）・番地やエリアを数字で表示し、わかりやすくします。

(2)役割分担を明確にし、参加意識を高める

5Sの難しさは、良い状態を維持することです。これを実現するには、全員が責任を持って取り組むことが欠かせません。各自の役割分担を「分担マップ」や「担当表示」で明確に示し、誰が何を担当するかひと目でわかるようにして参加意識を高めます。

(3)定期的に見直し、定着させる

仕事の内容は日々変化するため、5Sも見直しが必要です。たとえば、定点撮影で改善の進捗を確認したり、「5Sの時間」を設定したりして仕組みを整え、5Sの習慣化を進めます。

(4)評価と競争で意欲を高める

5S活動を推進するには評価（採点）を行い、進捗度を見える化することが効果的です。グループ間の競争を促し、やる気を高めます。毎月1回は上位職制と巡回診断を行い、その場で改善指示を出すとよいでしょう。改善計画は全員にわかるよう掲示し、取り組みの共有でさらなる効果が期待できます。

要点BOX
- 5Sは品質向上、原価低減、生産性向上、安全管理など企業活動の基本である
- 全員参加が定着の基本

5S推進

語句	めざす姿	活動のポイント
整理 (Seiri)	●筋道を立て（ケジメをつけ）、思い切った決断をし、不要品を一掃する ●必要度による層別管理 ●汚れ発生源防止ができている	●層別管理一不要物に赤札を貼る ●元から絶つ改善やルール化を進める
整頓 (Seiton)	●スッキリとした職場にする ●機能的（品質、能率、安全）なモノの置き方やレイアウトに変える ●「探す」作業の排除で能率向上	●5W1Hを入れた機能的保管 ●取り出し・収納訓練と競争 ●スッキリとした職場や設備 ●「探す」排除の改善
清掃 (Seiso)	●機能やニーズに合ったクリーン化で、ゴミなし、汚れなしの実現 ●清掃点検による微欠陥の排除 ●可（べき）動率100％	●機能部位の清掃 ●ピカピカ作戦 ●清掃の効率化改善 ●設備、治工具の清掃点検（設備5S）
清潔 (Seiketsu)	●3Sの標準化と管理基準づくりで維持されている ●異常の顕在化と目で見る管理の工夫 ●ゴミがない状態を維持すること	●目で見る管理の工夫、徹底 ●異常の早期発見、早期アクション ●維持管理のツール（マニュアルやカレンダー化） ●色別管理
躾 (Sitsuke)	●全員参加で守る習慣づけと、決めたことを守る職場づくり ●伝承と確認が日常の中で行われている	●いっせいに「○分間5S」の実施 ●伝承と訓練 ●一人ひとりの「私の責任」 ●各種習慣づけの運動

定点撮影法

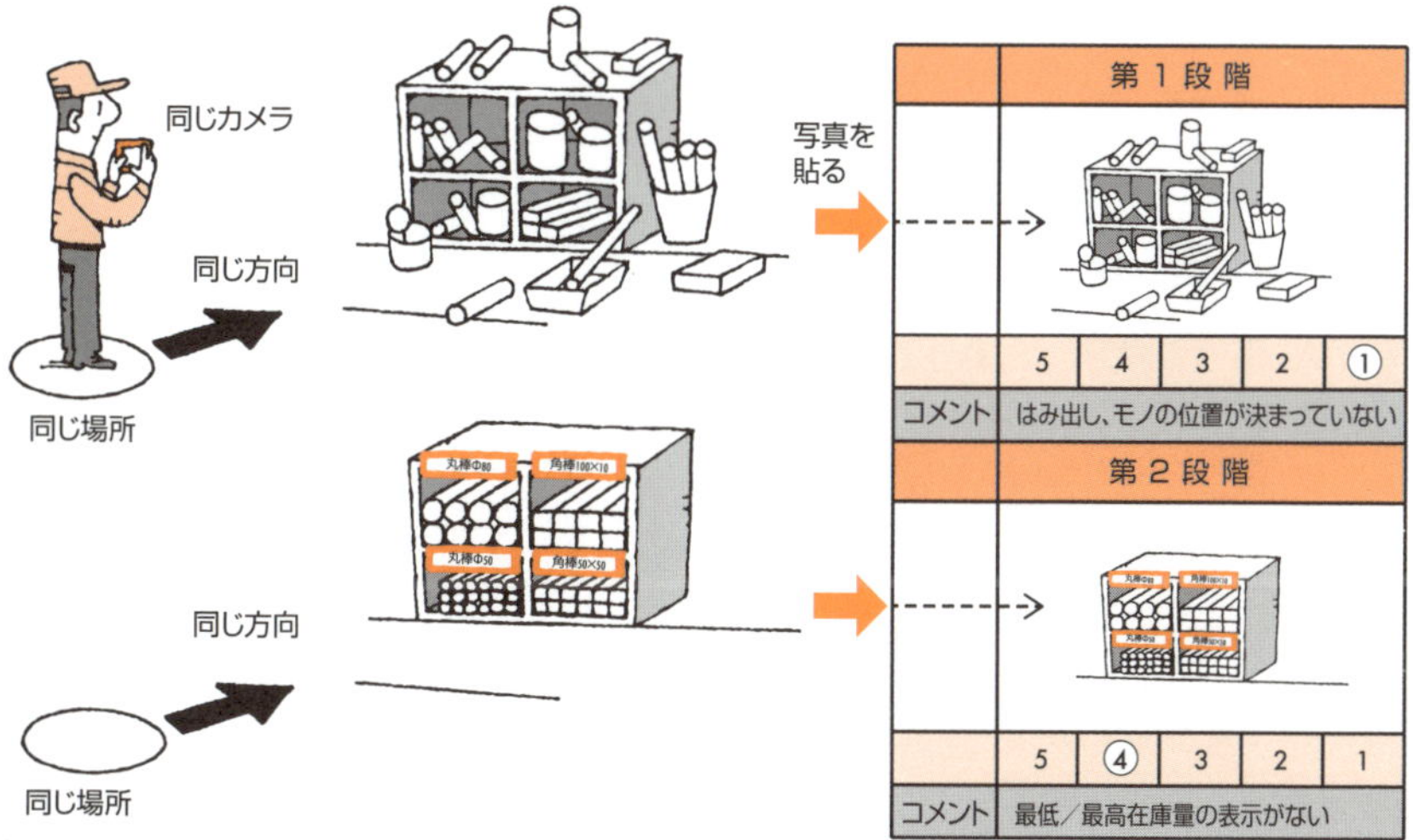

5S改善など改善活動の経過や成果を、目で見て確認しやすいように、改善の対象を同じカメラ、同じ位置で、同じ方角に向かって、継続的に写真撮影すること。撮影した写真を時系列的にチャートに貼り、目で確認するツールとして活用する

53 モノ（材料、製品、治工具）の置き方

正常と異常の区別が誰でもひと目でわかる

整頓とは、「モノの置き方の標準化」です。そして、標準化とは「正常な状態を決める」ことです。それにより正常と異常の区別が容易になります。モノの置いてある状況で、次のことが誰にでもわかります。

◇定められた置き場に指定外のモノはないか
◇次に何を仕掛け、どの部品を使うか
◇作業が進み過ぎているか、遅れているか

モノの置き方を標準化する注力点は次の通りです。

①置き場は頻繁に使うものは近く、そうでないものは遠くに、作業者がひと目でわかるようにする。どこに（場所：定置）、何が（品目：定品）、いくつ（量：定量）がわかる表示板を作成して掲示します。これが3定管理（定置、定品、定量）です。
②先入れ先出しができ、加工順がわかります。
③所番地、広さが明確で、異常がすぐわかるようにします。

モノの置き方をルール化することにより、生産の進み・遅れ具合や正常か異常かが顕在化でき、改善につなげることが可能です。

所番地は、「どこに」という場所表示で、「所」と「番地」に分かれています。郵便物が間違いなく宛名通りに届くのは、所番地がはっきりと明示されているからです。「所」には同じものが2つあってはいけません。誰が見てもわかるよう表示することが大切です。所番地による場所表示は、棚だけでなく、倉庫や工場全体に適用することが望ましいでしょう。新しく入ってきた人たちも、「A11へ」と指定するだけで目的の場所に行くことができます。

治工具は箱の中が見えるようにして、外からひと目でわかるようにします。そのためには、

①職場の治工具を一括拠出させ、
②使用頻度に応じて置き場と置くモノを決め、
③工具の影絵を入れてひと目でわかるようにして、使ったら必ず元に戻すことを徹底します。

要点BOX
●モノの置き方は3定からスタート
●「何丁目何番地」にあると管理がしやすい
●治工具は中が見えない状態から見える状態へ

機能的置き方のポイント

区分	説明
ロケーション	モノを置く場所には必ず所番地を決めて、定置、定量を容易にします
置き方と表示	置き場所、現品表示・MAX表示・MIN表示することで、モノの有無、ラインの進捗度、次に何を加工するのかがわかります
荷姿・容器	取り扱いの容易さ、数量確認のしやすさ、スペースの節約など、モノの流れに大きく影響します
量管理	ロケーション、品番、品名、MAX／MIN表示することで、全員が等しく情報を共有化し、正常・異常がひと目で見分けられます

所番地

工場の所番地の例

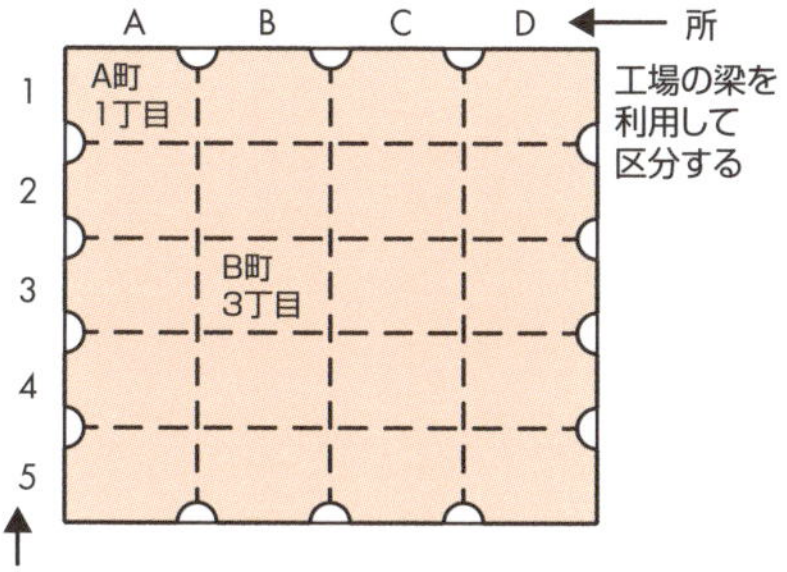

棚の所番地の例

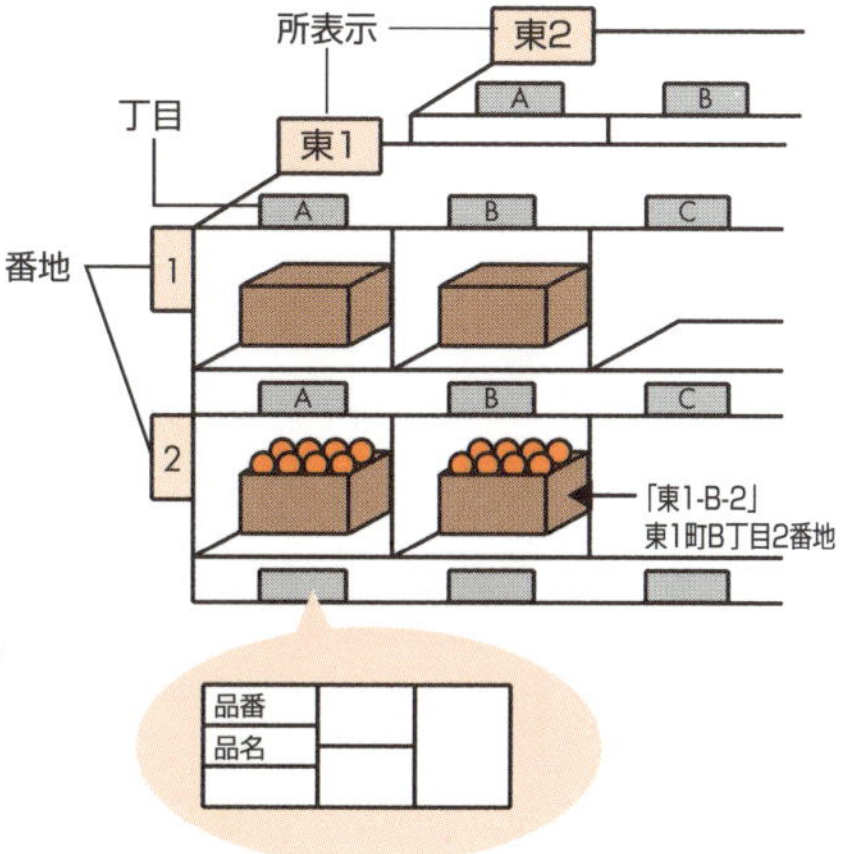

共用工具の置き方

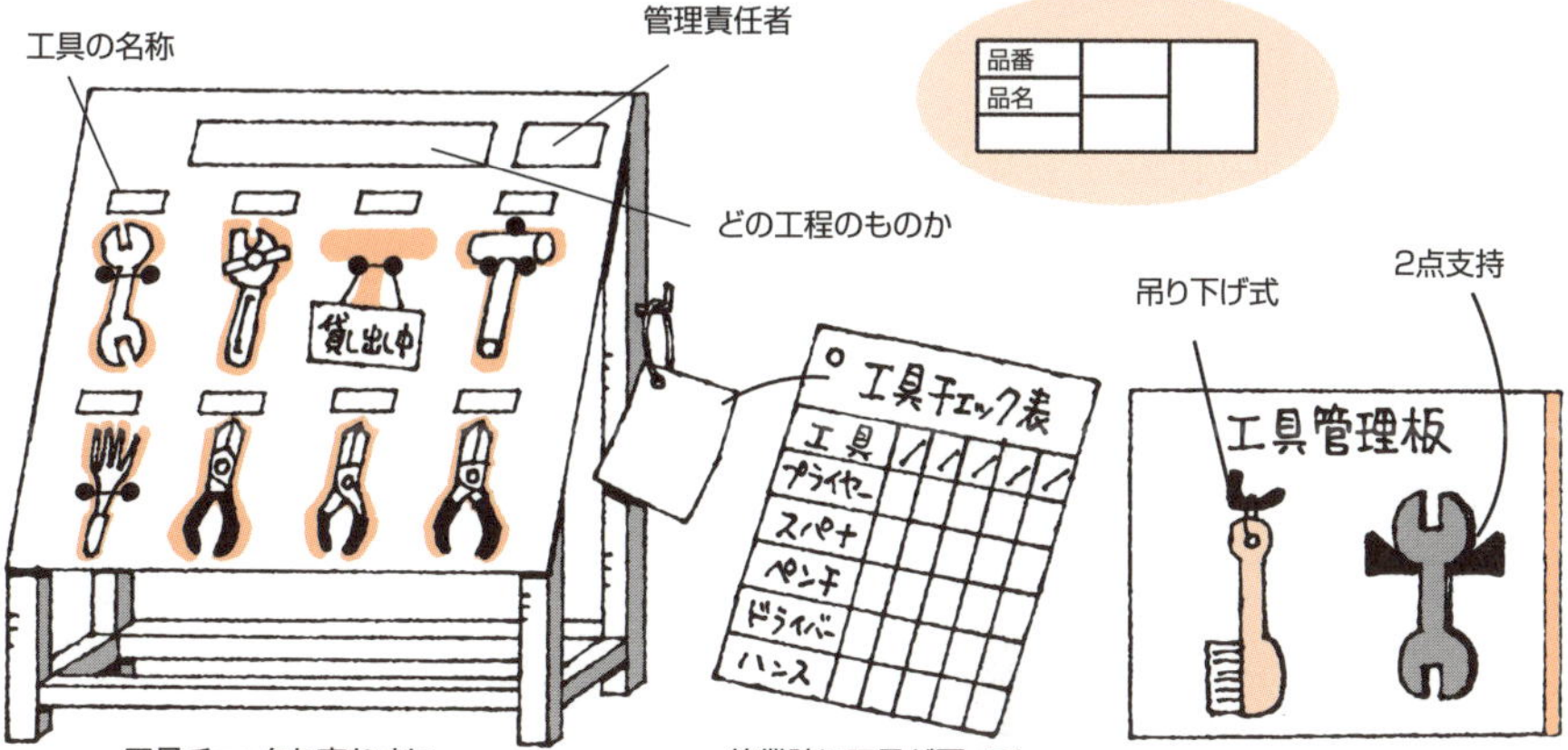

工具チェックも忘れずに

終業時に工具が戻っているかのチェック表

54 生産管理板

稼働状況がひと目でわかる

生産管理板は、ラインや工程の実績を時間ごとに把握し、異常を早期に発見して対処するための重要なツールです。これをラインの最終工程に設置し、計画数量と実績の差異を可視化することで、時間単位での状況を把握できるようにします。リアルタイムでの管理が理想的です。

一般的に、生産能力の評価は1日や1週間という単位で、合計値を実績として計上する場合が多いです。しかし、単にこのような期間の合計値だけを使って生産能力を判断するのは、不適切な問題を見逃す恐れがあります。というのも1日分の合計には、始業時の遅れや設備故障、計画停止などが含まれています。これがそのまま「能力不足」と見なされた場合に、新たな設備の増設が検討されることになりかねません。

したがって、生産管理板を活用して改善すべき点を見つけるには、時間ごとの計画と実績の差を随時表示することが大事です。これにより実際の生産能力が、計画に対してどの程度あるかを正確に判断することができます。もし計画と実績に乖離があれば、そこには必ず原因があり、分析によって改善の手掛かりが見つかるでしょう。

たとえば、次ページ上図に示したケースでは、50分当たり85個の生産計画に対し、始業後の8時10分～9時00分では84個しか生産できなかったとします。しかし、休憩後の10時10分～11時00分には85個を達成した場合、このラインの能力は1時間当たり85個であることが確認できます。

始業後の50分間に84個しか生産できなかった原因、すなわち生産の阻害要因を分析することが重要です。もし、機械の立ち上がりが遅いことが原因であると判明した場合は、なぜ立ち上がりが遅れるのか根本原因を特定し、再発防止策を講じることが求められます。

要点BOX

- ●シンプルな形で予定に対する実績を表示する
- ●生産遅れを可視化し問題点をあぶり出すことで、原因究明や改善の手掛かりとなる

作業進度管理表

作業進度管理表（6月9日）

Cライン

時　間	計　画	実　績	差　異	問題点など
8:10〜9:00	85／85	84／84	△1／△1	故障M3トラブル
9:00〜10:00	100／185	100／184	0／△1	
10:10〜11:00	85／270	85／269	0／△1	

作業進度表示表

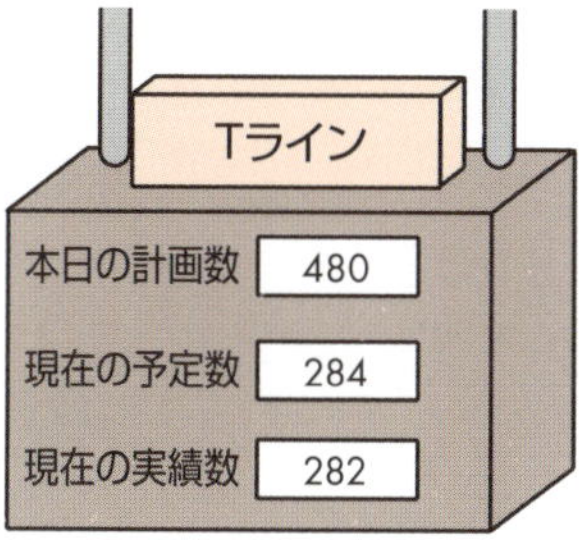

組立日程管理板

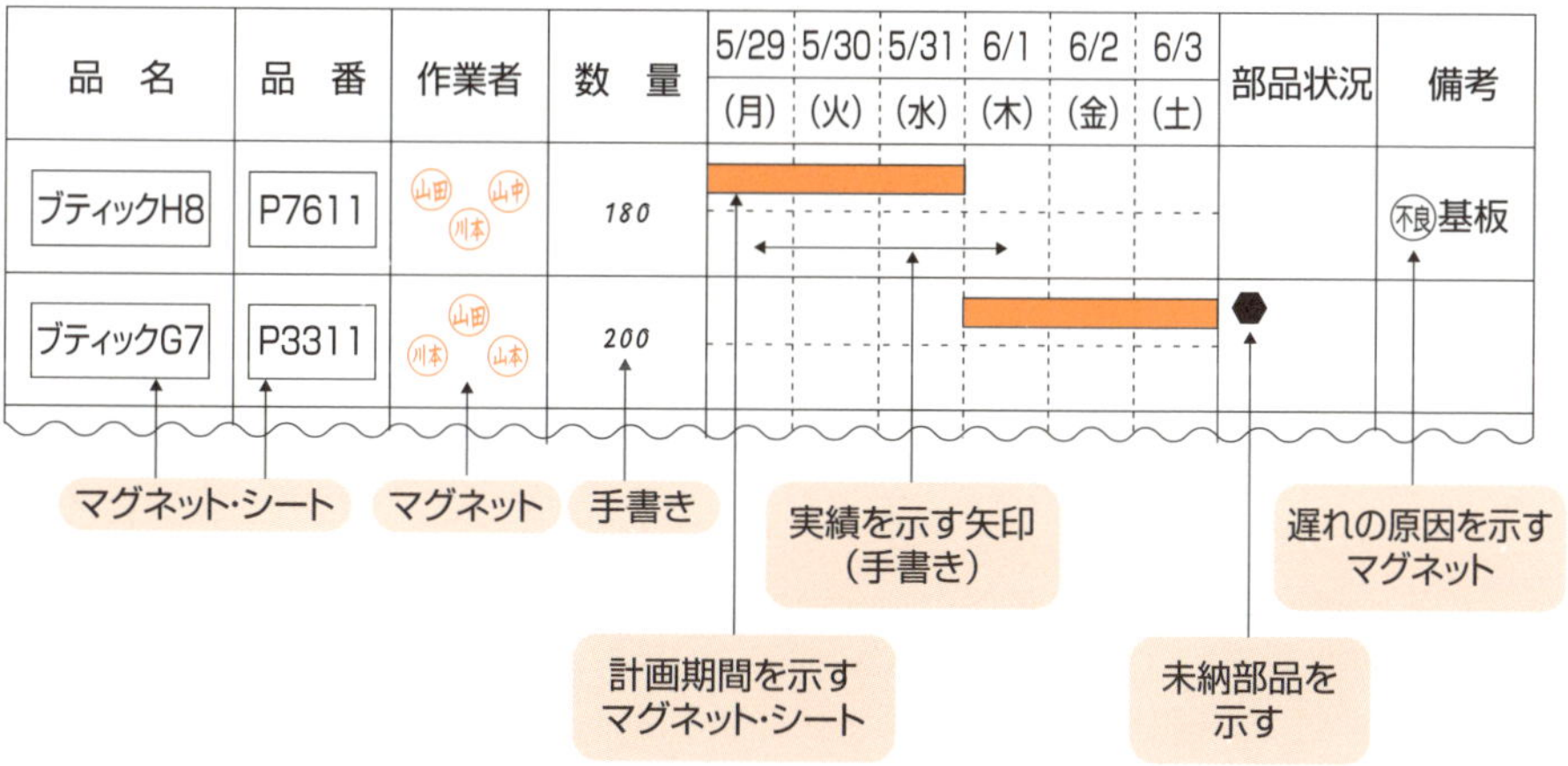

55 アンドン

生産ラインの異常発生に対する情報伝達手段

問題の発見が改善の第一歩です。現場で改善が進まないのは、何が問題やムダであるかわからない場合が多いようです。

作業者がトラブルや異常などの問題を発見した場合、タイムリーに解決するために、管理・監督者は問題の所在を速やかに知る必要があります。それを知る手段の一つとして、「アンドン」が挙げられます。

行燈（アンドン）は電灯のない時代に、部屋を明るくする目的で使われていました。現在では、工場の中の隠れた問題を表示します。つまり、機械設備や作業者、そして作業自体が問題なく順調に進んでいるかどうかを把握するための「目で見る管理」の一つです。

たとえば、組付ラインで作業者が部品の不具合や欠品を発見した場合です。作業者はそれを直す時間もないため、まずは監督者を呼ぼうとしますが、見つからないことがあります。監督者自身は多くの部下と職務を遂行しており、常に端から端まで巡回していてすぐに対応できないことも生じます。このような状況に対応するため、異常を知らせるスイッチボタンを作業者の手元に設置し、監督者はどの工程で、どんな内容の異常がいつ発生したかをわかるようにする仕組みです。これにより、問題の発生に対して適切な対処ができるようになります。

作業者は異常、部品欠品、段取り替え、不良発生、離席の際に必ずスイッチを入れます。そうするとアンドンの各部分が点灯し、ブザーが鳴ります。察知した管理・監督者および関係者は、速やかに対応することが求められます。なお、アンドンには大きく分けて次の3つがあります。

◇部品のなくなりそうな工程からの部品請求のための「呼び出しアンドン」
◇組立の異常を知らせる「異常アンドン」
◇機械の稼働を示す「稼働アンドン」

要点BOX

- ●関係者に対してアクションを促す道具
- ●表示灯の代わりにライト（目）とブザー（耳）を用い、一層注意喚起させるケースもある

呼び出しアンドン

異常アンドン

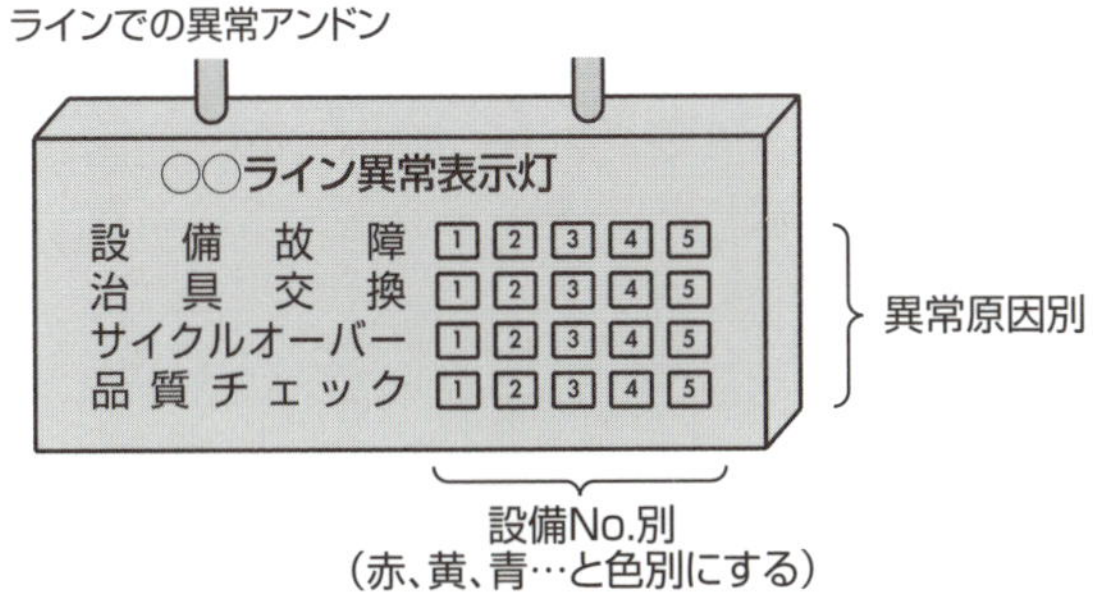

稼働アンドン

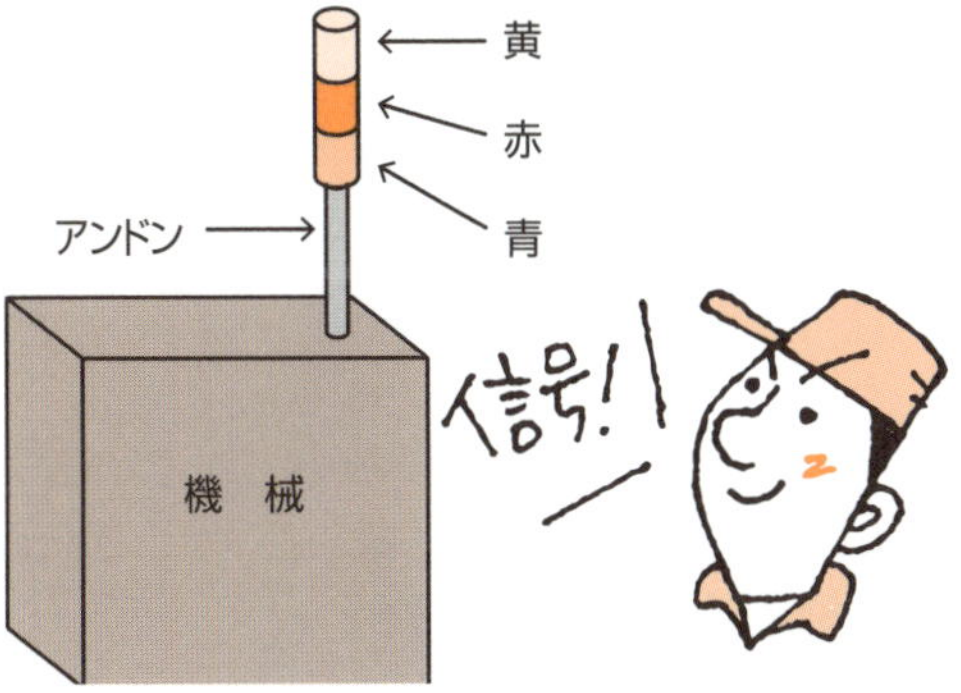

ライン稼働中は青ランプが点灯しているが、異常時には赤・黄ランプが点灯する。通常、不良発生・機械故障・欠品・段取り替え時には赤ランプを点灯させ、部品補給依頼・監督者呼び出し（応援依頼、一時交替、トラブル、段取り替え予告）時には黄ランプを点灯させて、監督者やリリーフマンなどに情報を伝えている

56 作業管理推進のための目で見る管理

作業を効率良く進めるには重要

現場の管理・監督者が果たす役割には、生産量の確保と品質保証、および工数低減のための改善活動があります。そのためにも、目で見る管理が重要になってきます。

受注状況に基づく生産計画や日程計画の進度を見ながら、作業者の就労状況と習熟度を計算に入れ、人や設備の稼働に偏りが出ないように、また手待ちがないよう作業者に適切な作業割り当てをしなければなりません。それには、「就労管理板」「人員配置板」などの道具立てが役立ちます。

就労管理板を使うと、作業に必要な人員を計画的に配置でき、日程や納期を守るのに便利です。また、残業や休日出勤の指示もわかりやすくなり、作業者にとっても負担が見えやすくなります。さらに、作業員同士がそれぞれの勤務予定を確認できることで、休暇や欠勤への意識が高まり、人員のバランス調整がやりやすくなる点も長所です。設備についても、「日常点検表」「各種管理板」など目で見てわかる管理状況にしておくことが、能率を維持することにつながります。

加えて、作業者の技能向上や多能工化への育成についても、管理・監督者は常に心がけていなければなりません。基本作業の徹底や「多能工訓練計画表（星取表）」「ジョブローテーション計画表」の活用により、さまざまな作業の習熟と多能工化を図ることが可能です。

品質を工程でつくり込むためにも、作業者の品質意識を高め、担当する仕事の重点管理ポイントを理解させ、「私の確認票」にまとめさせます。そして初物・中間・最終検査などを「チェックシート（点検表）」で確実に点検するルールづくりも欠かせません。また「社内検定・公的資格取得者一覧表」などの掲示により、リーダーや作業者にチャレンジ精神を持たせる工夫で人材育成に力を入れることも重要です。

要点BOX

- 量の確保、品質保証のため
- 工数低減のための改善活動推進を支援する管理板

人員配置板

職場やラインの人員配置を示すために使われる

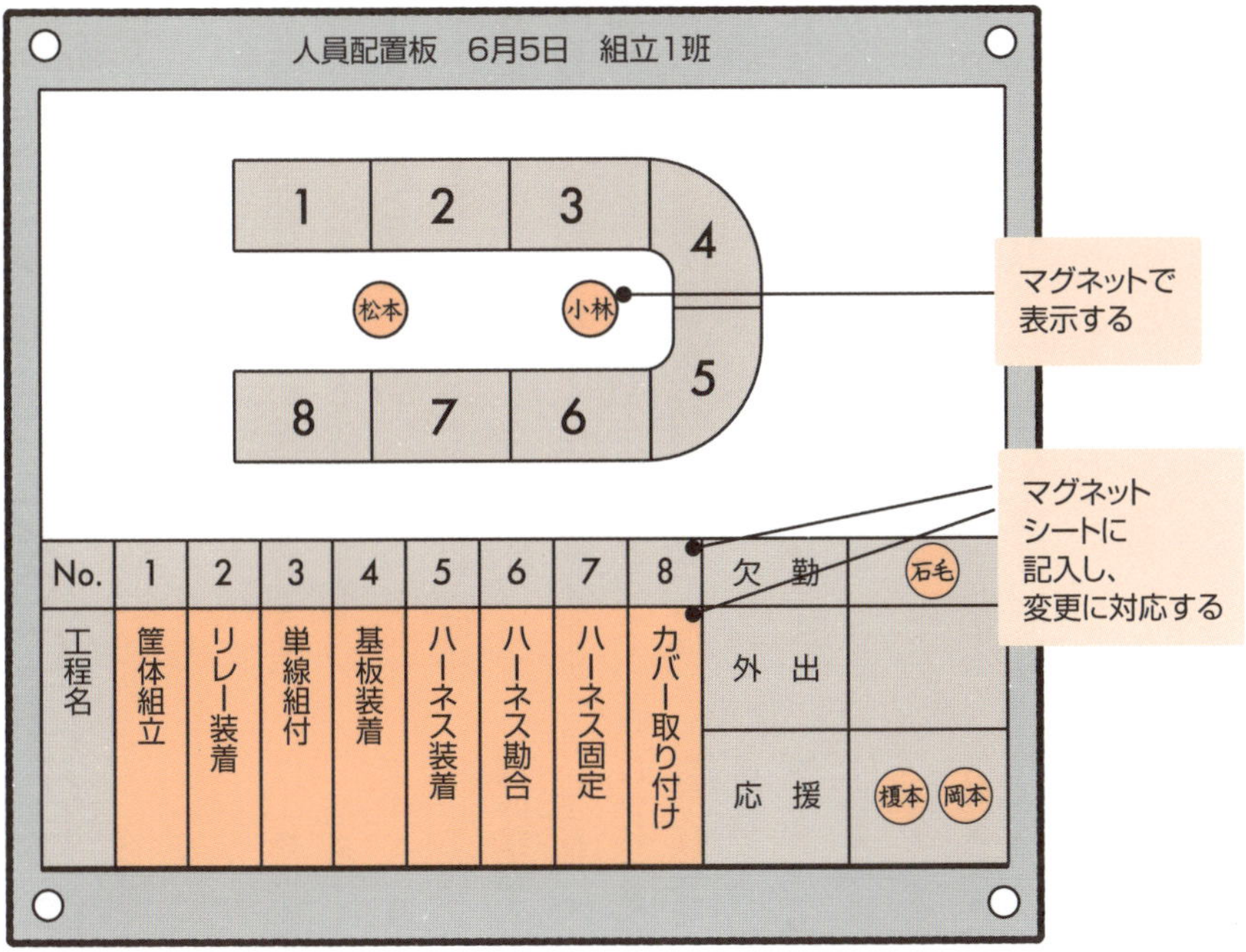

私の確認票

私の確認票

××課××係××班　OOOO

①部品は取り付けているか

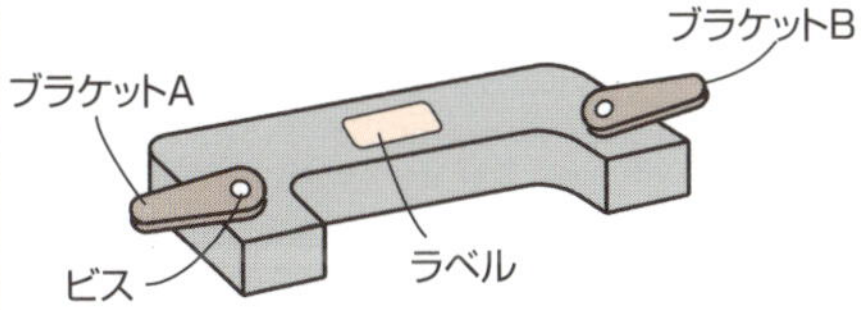

②ねじは確実に締まっているか

作業開始時に、作業の重点管理ポイントを記した確認票を用意して、作業にとりかかる

初物検査

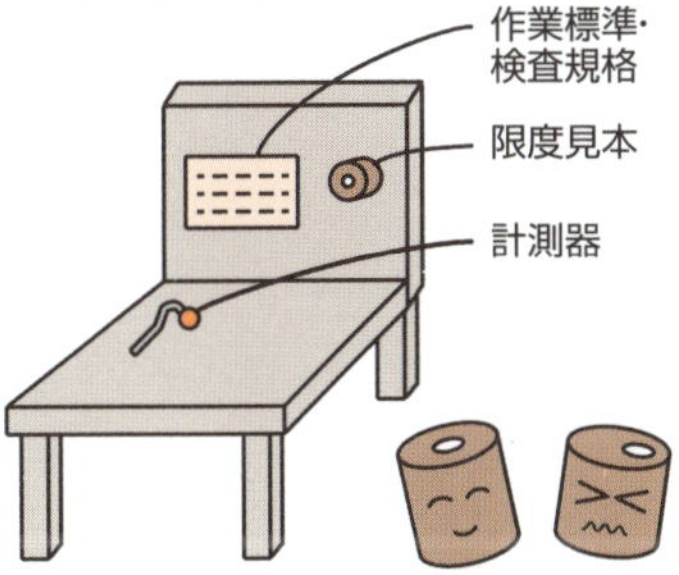

始業時、品質チェックタイム時、段取り替え時、材料・部品・人交代時に行い、点検票に記録する

57 目で見る品質管理

品質は企業の生命線で信頼の基盤、品質を守り高める努力が不可欠

品質は企業の生命線で、信頼の基盤です。まず、5Sを徹底してモノと業務の見える化を図ります。

(1)品質データの整理と活用

品質情報、とりわけ不良発生データの記録・解析は、品質管理上大きな役割を果たしています。まず職場別、工程別、不良項目別などの不良数や不良率を正確に把握することです。数値データのみでなく、パレート図やヒストグラムなどの活用が有効です。

(2)不良発生時の処置

不良が発生した場合、ただちにどの工程で発生したかがわかり、監督者やリリーフマンが駆けつけてアクションを取れるような仕組みが重要です。このために、呼び出しアンドンや異常アンドンが使われています。不良発生を明確にし、改善を確実に進めるには不良品置き場の設置が非常に有効です。不良ルールを明確にするとともに、これらを掲示して徹底することに注力しましょう。

(3)工程の安定化と工程内検査

品質は工程でつくり込む、ということが特に重要です。工程に異常があればただちにアクションを取り、工程を常に良好な状態に維持したり、適切な工程内検査を実施したりします。

工程の安定性には管理図が活用され、工程内検査には検査要領書や検査チェックリストが使われます。官能検査場には、限度見本や不良サンプルの掲示も必要です。なお、工程内検査にはワンタッチゲージやポカヨケの設置による簡略化も考慮すべきです。

(4)受入検査と完成検査

受入検査においては、購入先や外注先の不良状況・検査結果が迅速に把握できていることが重要です。また完成品検査が迅速に行われ、遅れはないかを把握するには、未検査品置き場と検査済み品置き場を明確に区分し、負荷の度合いと進捗状況を確認します。これは検査結果管理板などで管理します。

要点BOX

- 不良発生データの記録・解析が重要
- 前提条件は5Sの徹底
- 異常、ムダがひと目でわかる道具立ての工夫

異常管理の方法

未然防止	異常発見処置(応急処置)	再発防止(恒久処置)
1口標準	不良発生表示灯	ポカヨケ
品質ヒヤリハット	不良処理ルール表示板	品質管理マニュアル
初物検査	不良品箱	標準作業票
私の確認票	ロットサンプル台	不良品置き場

品質管理マニュアル

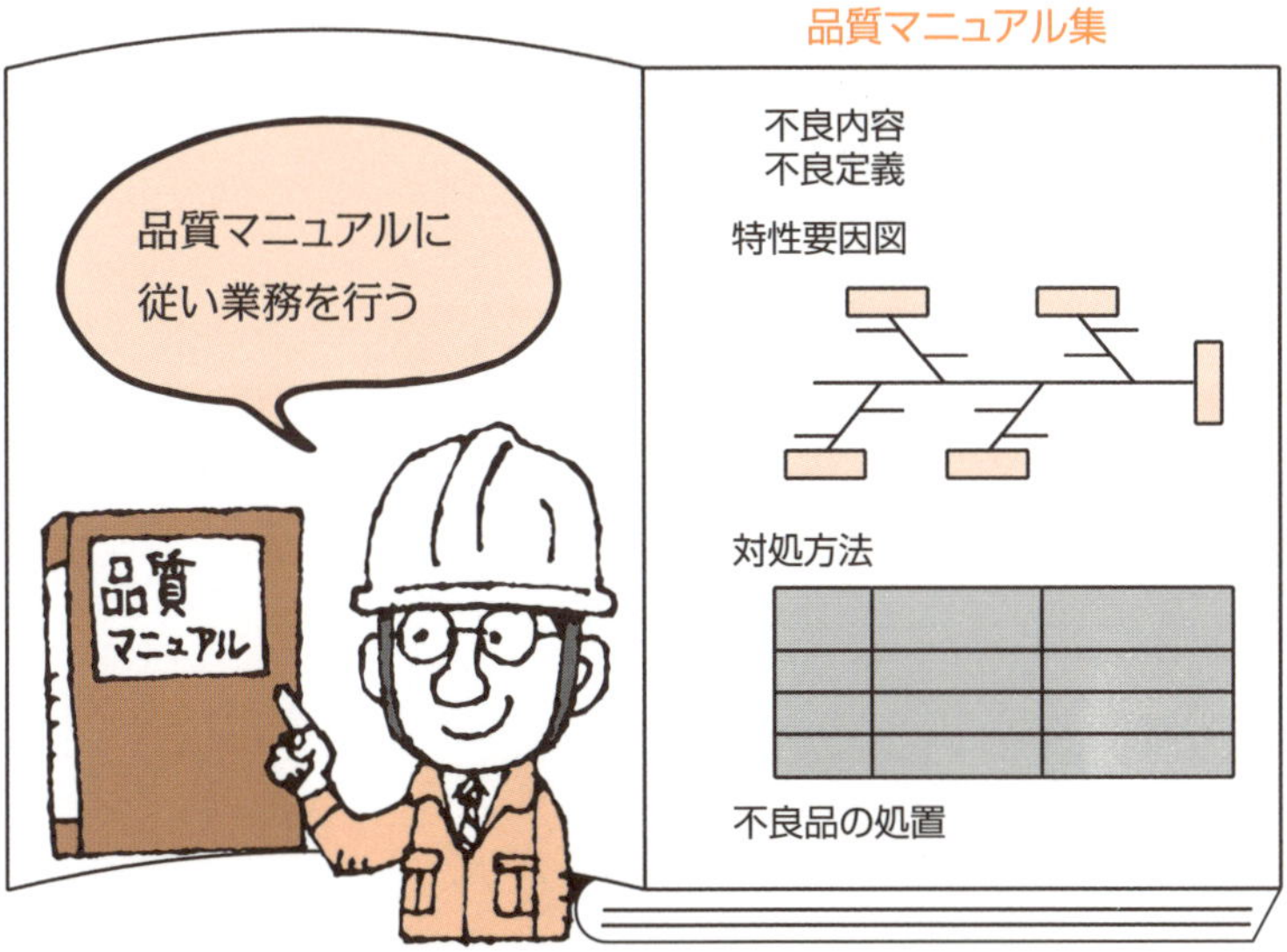

異常の再発防止には、異常処理を含めた対処方法をマニュアル化しておくことが必要である。このマニュアル作成のポイントは次の通り。

①再発防止のために検討した特性要因図を利用
②特性要因図から考えられる異常発生内容と処置方法を具体的に記載
③不良品の処置方法や原因不明時の対応方法についても記載しておく

不良発生管理板

本日(○／○)の不良								最近の不良	
品名	品番	生産数	不良数	不良率	状況	原因	処置	○／○	カバーに傷あり
Aカバー	11-330A	100	1	1%	傷あり	落下	補修	○／○	塗装ムラあり
Bカバー	11-350B	200	4	2%	異品	供給ミス	交換		

Column

事務部門の業務の見える化

　事務部門においても、業務の見える化は必要です。業務の見える化とは、業務分担や進捗状況を誰もがひと目で把握できる図表にすることを指します。この見える化を怠ると、業務の遅延やコミュニケーションの行き違いが生じ、業務の停滞ややり直しが発生するリスクが高まります。

　見える化によって進行状況の把握が容易になり、業務の遅れなどをいち早く発見でき対応することができます。ここでは、業務の見える化の効果を2つの視点から解説します。

⑴情報共有の円滑化

　業務状況を可視化することで情報の行き違いやミスを防ぎ、チームの結束力を高めて各メンバーの進捗が共有されることで、誰がどの業務を担当しているかがひと目で把握できるようになります。

⑵問題点の早期発見

　業務進捗を常に見える状態にすることで遅延やボトルネックの特定が容易になるほか、迅速な対処が可能になり、大きなトラブルの回避にもつながります。

　業務の見える化は、単なるツールではなく、組織の効率や質を向上させる重要な取り組みです。以上の要点を押さえ、効果的な見える化を実現することで、組織全体の業務改善をめざしましょう。

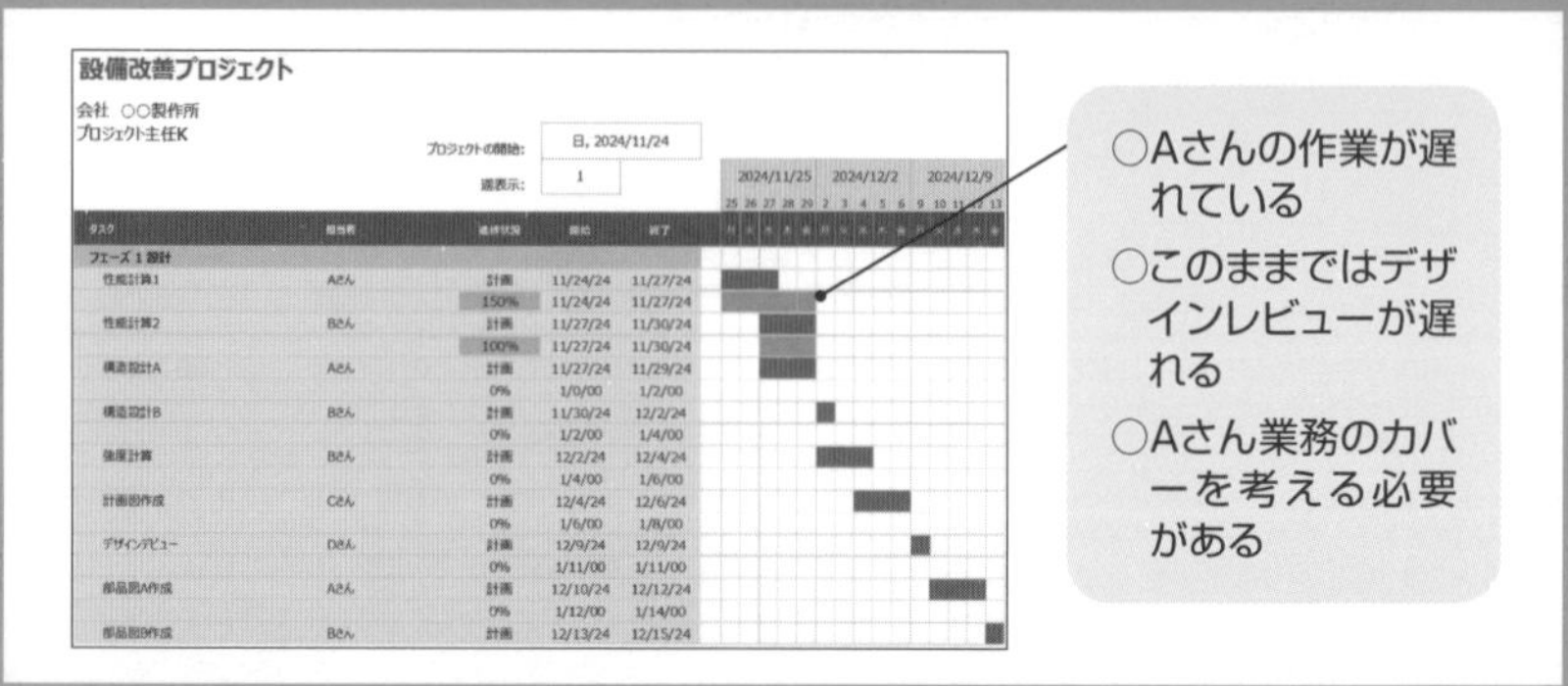
設備改善プロジェクト
会社 ○○製作所
プロジェクト主任K
○Aさんの作業が遅れている
○このままではデザインレビューが遅れる
○Aさん業務のカバーを考える必要がある

第8章

品質管理・その他の改善

作業改善を含む問題解決の基本は、現場で発生する課題を的確に把握し、効果的に対策を講じることです。そのために、「QC七つ道具」や「なぜなぜ分析」を活用し、根本原因を追究することが重要です。さらに小集団活動を通じて、従業員が主体的に改善に取り組むことで現場力を向上していきます。

また、品質は工程でつくり込む考え方を徹底し、製造プロセスを安定化させることで不良の発生を未然に防ぎます。そして、作業改善にヒューマンエラーを防ぐポカヨケを取り入れ、作業ミスや安全事故リスクの最小化をめざします。

58 問題解決の道筋

QCストーリーで体系的に進める

品質管理における問題解決の道筋は、組織が品質に関連する問題を、体系的かつ効果的に解決するための一連のステップを指し、QCストーリーとも呼ばれます。一般的には、次ページ上図に示すようなステップが採用されます。

①テーマの選定では、解決すべき問題を数値や事実で特定し、その影響や重要性を客観的に評価します。主観ではなく客観的な視点で問題を明確にすることが、解決への取り組みにつながります。

②現状把握／目標設定では、データ収集と分析を通じて現状を把握し、達成すべき目標を設定します。正確なデータを集め、データの偏りや抜け漏れに注意して、多角的な視点で現状を分析します。

③活動計画の作成では、活動計画は5W2Hを考慮して立案します。

④要因の解析では、問題の根本原因を特定するために、特性要因図やなぜなぜ分析を用いて深掘りします。事実に基づいた分析を行うことが重要です。

⑤対策検討／実施では、特定した原因に対して具体的で実行可能な解決策を考案し、効果やコスト、リスクを評価して最適なものを選択・実行します。

⑥効果の確認では、対策の結果を評価して目標の達成や問題の解決を確認します。定量的な指標を用いて効果を検証し、必要に応じて現状把握や原因分析を再度実施し、再発防止を徹底します。

⑦標準化と管理の定着では、成功した対策を標準化して継続的に管理し、組織全体で共有します。

⑧反省と今後の対応では、問題解決の進め方を反省し、次回の改善活動に活かします。

問題解決の道筋は計画で問題を把握し、実行で対策を行い、確認で効果を評価、改善で標準化してさらなるテーマに取り組むことにより、QCストーリーの各ステップがPDCAサイクルを回す活動となっています。

要点BOX

- ●道筋に従い効果的に問題を解決
- ●8つのステップで進めるQCストーリー
- ●問題解決の道筋はPDCAサイクルを回す活動

問題解決のQCストーリー

1. テーマの選定 ― ○改善の対象を明確にする
2. 現状の把握／目標の設定 ― ○選定した問題について、事実をしっかり把握する ○何をどのくらい良くするのか、目標値を設定する
3. 活動計画の作成 ― ○活動計画を5W2Hを考慮して立案する
4. 要因の解析 ― ○問題の発生原因と流出原因を追究する
5. 対策の検討／実施 ― ○発生原因の対策と流出原因の対策を立案、実施する
6. 効果の確認 ― ○対策を実施したらその効果を評価する ○必要に応じ、現状の把握や要因の解析に戻る
7. 標準化と管理の定着 ― ○ルールを標準化し、ルールを守らせ、守れないルールを見直すことも必要
8. 反省と今後の対応 ― ○活動のプロセスを反省し、今後取り組むべき課題と対応を明確にする

問題解決のQCストーリーとPDCA

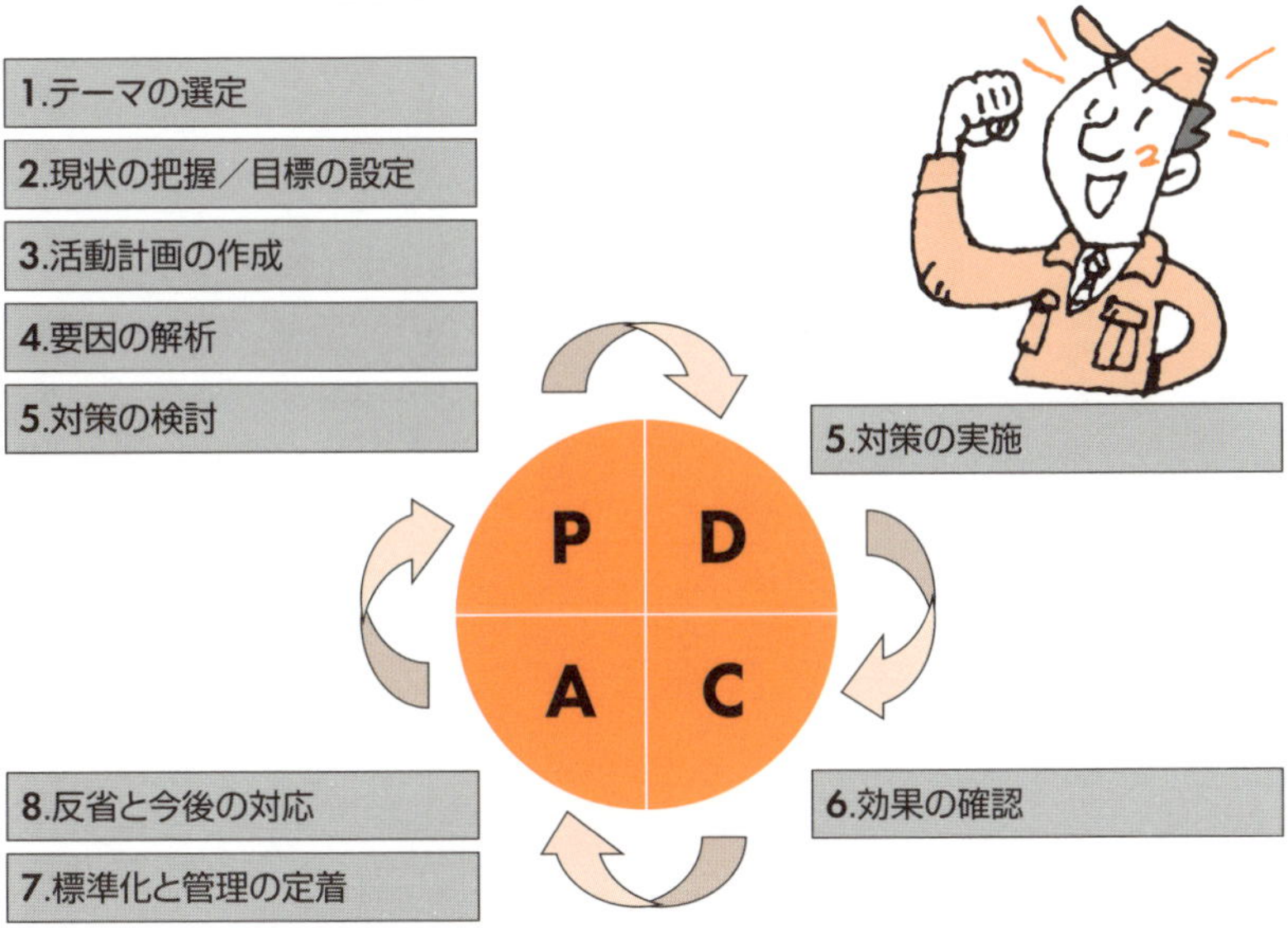

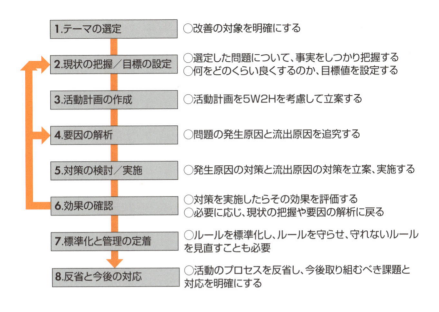

59 QC七つ道具の活用

品質改善をめざして便利なツールを使いこなす

問題解決を効率的に進めるためには、QC七つ道具を問題解決の各ステップに沿って活用することが効果的です。QC七つ道具には、①チェックシート、②グラフ、③パレート図、④特性要因図、⑤散布図、⑥ヒストグラム、⑦管理図があります。

テーマの選定では、①チェックシートや②グラフを使用し、問題の発生状況をデータとして収集します。たとえば、不適合品の数や発生時間、場所などを体系的に記録し、具体的な問題を洗い出します。

現状把握では、③パレート図を作成して問題の重要度や頻度を視覚的に把握します。これにより、優先的に改善すべき問題が明確になります。

要因の解析では、④特性要因図を活用して、問題の潜在的な原因を体系的に洗い出します。人、方法、機械、材料、環境、測定などの観点から考察し、すべての可能性を網羅します。さらに、⑤散布図を作成して2つの変数間の相関関係を確認し、原因と結果の関係性を探ることも可能です。

データを解析する場合は、⑥ヒストグラムを用いてデータ分布状況を把握し、プロセスのバラツキや異常値を確認します。⑦管理図を作成してプロセスが安定しているかを監視し、異常な変動がないかどうかをチェックします。

対策後は、その効果を再度①チェックシートや②グラフでデータ収集し、対策の有効性を検証します。効果の確認では、⑤ヒストグラムや⑥管理図を再度使用して対策後のプロセスが安定しているか、品質が向上しているかを評価します。

標準化と管理の定着では、有効な対策を標準化して作業手順書やマニュアルに反映させ、組織全体で共有を図るようにします。

このように、QC七つ道具を問題解決の各ステップで適切に活用することで、効率的かつ効果的な問題解決が可能となります。

要点BOX
- ●品質のみならずあらゆる問題解決に役立つ
- ●QC七つ道具を使いこなして効率的に問題解決
- ●QC七つ道具は問題解決の各ステップで活用

問題解決のステップとQC七つ道具の活用

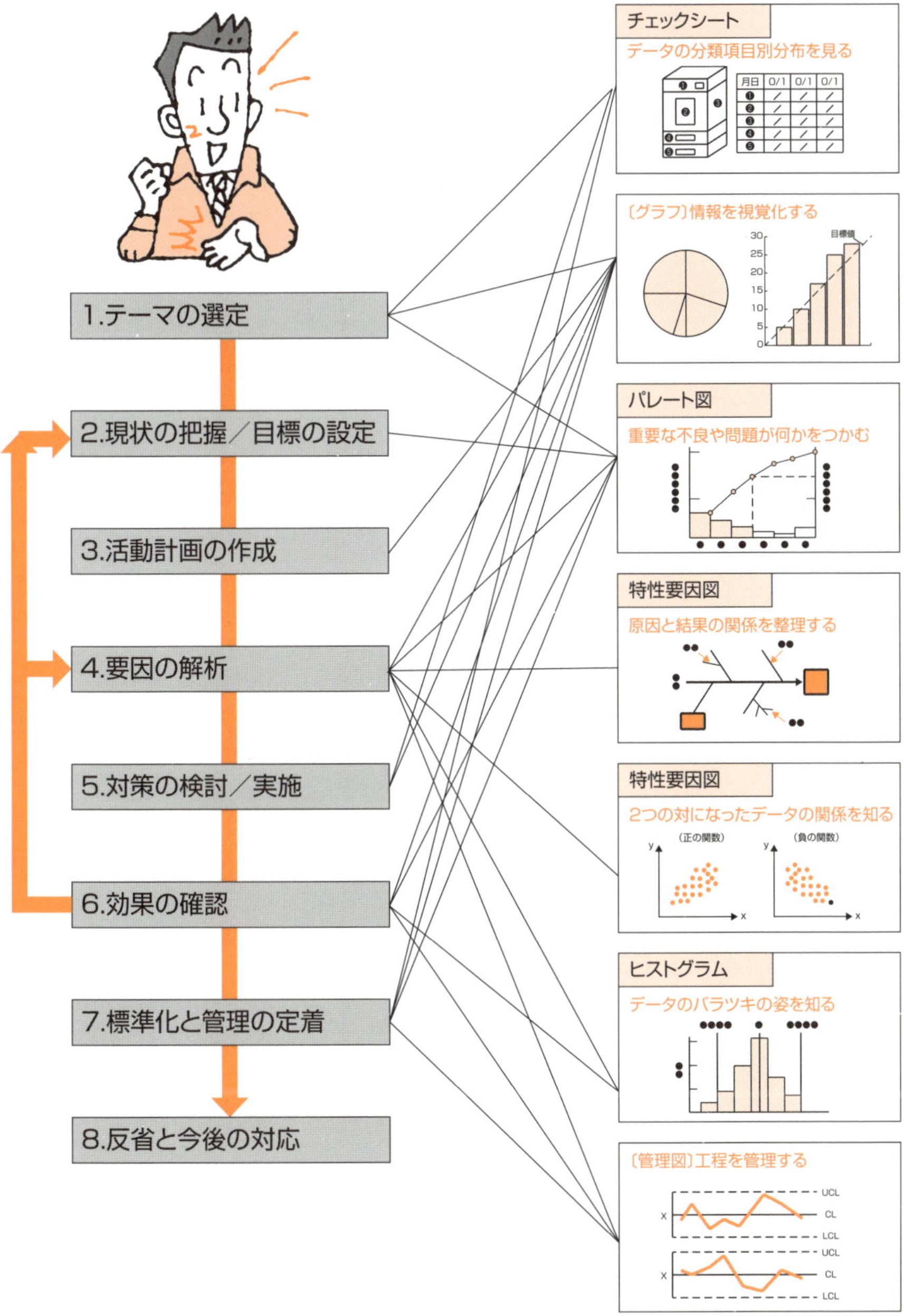

60 なぜなぜのコツ

徹底した原因の追究に向けたアプローチ

なぜなぜ分析は、問題の根本原因を究明するための効果的な手法です。問題が発生した際に通常5回の「なぜ」を繰り返すことで、表面的な現象ではなく問題の真の原因に到達できる可能性が高まります。これを「5なぜ」とも言います。

この手法はトヨタ生産方式（TPS）で広く採用され、品質管理や作業改善において極めて重要な役割を果たしています。なぜなぜ分析を効果的に行うには、以下に挙げるコツがあります。

◇問題を具体的かつ明確に定義する。問題が曖昧であれば、原因追究も曖昧になる

◇客観的な事実やデータに基づき、「なぜ」を問いかけることが重要。推測や思い込みではなく、実際に現場で得た情報をもとに分析を進める

◇関係者を巻き込んで議論を行い、多様な視点や専門知識を持つ人々が参加することで、見落としていた原因を発見できる可能性が高まる

◇原因を追究する際に個人のミスではなく、問題の背後にあるプロセスやシステムの欠陥に目を向け、仕組みの改善につなげる

◇根本原因が特定できたら、対策の実現可能性や期待効果を評価し、特定した原因を遡って問題にたどり着くか検証する

なぜなぜのコツとしては以下の点も重要です。

①シンプルな言葉で記述する：必要以上に専門用語の使用を避け、理解しやすい表現を使います。

②スピードと精度のバランス：迅速に分析を行うことは重要ですが、急ぎ過ぎると根本原因が見落とされる可能性があります。

③ビジュアルツールの活用：特性要因図などを用いて、原因と結果の関係を視覚的に整理します。

なぜなぜ分析を適切に活用することで、問題の真の原因を追究し、同一原因による再発を防止することができます。

要点BOX
- なぜ、なぜ・・・と5回繰り返す
- 現象よりも真の原因をつかむ
- 狙いは同一原因による再発の防止

問題の真因を追究

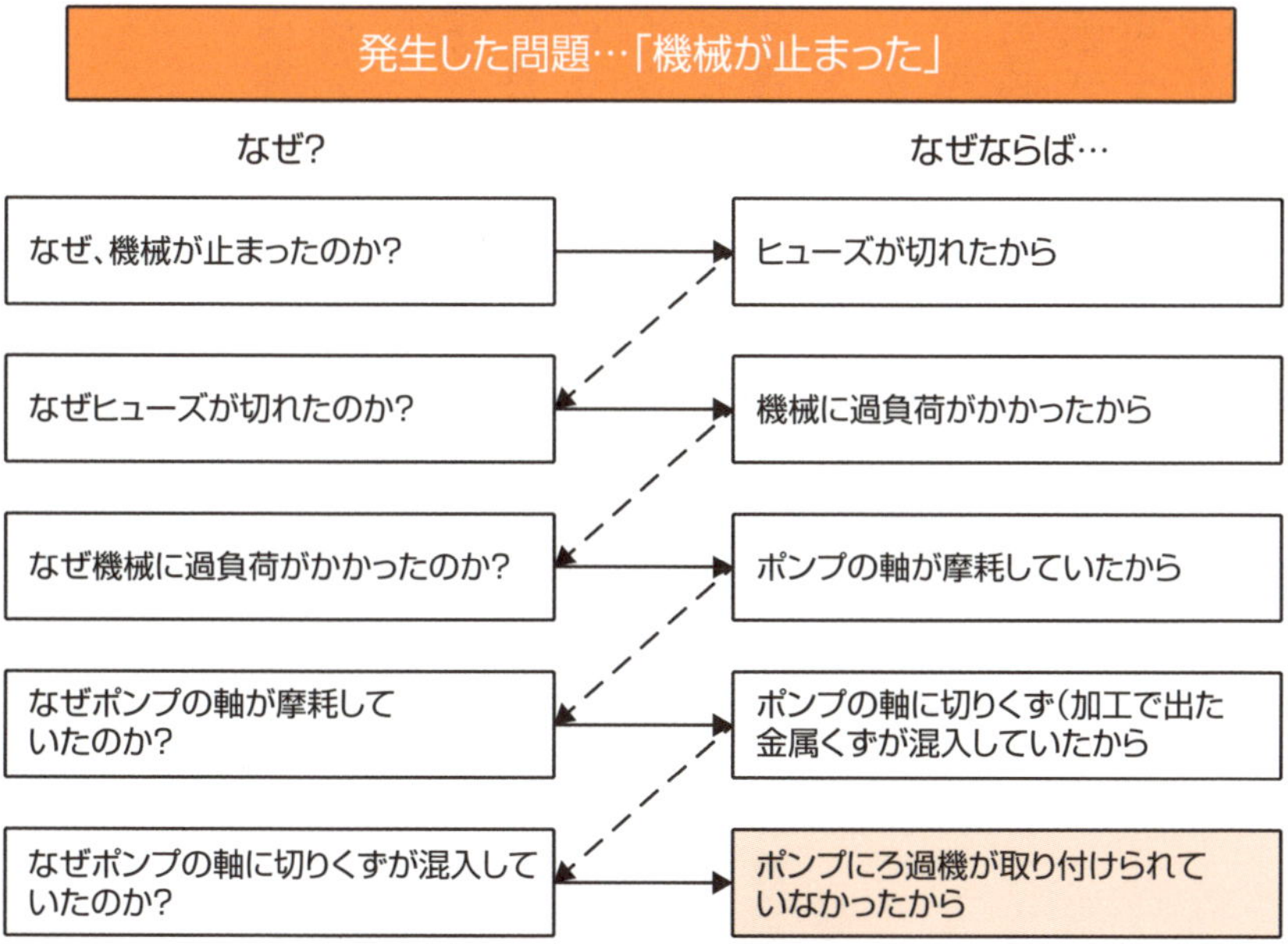

真因から問題の発生を検証

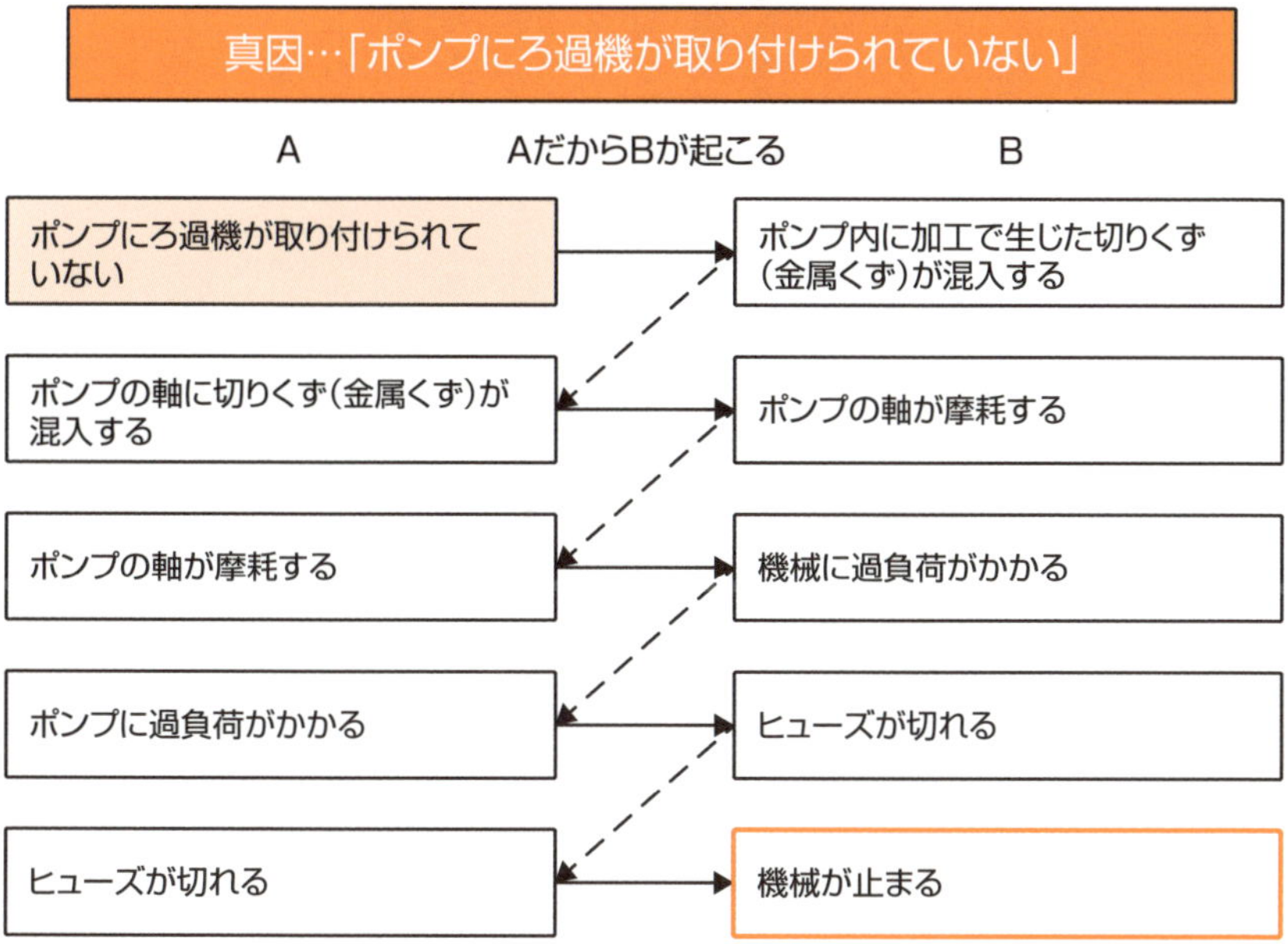

61 小集団活動の活性化

職場の作業改善に有効

作業改善において5S活動（整理・整頓・清掃・清潔・躾）や現場のムダ取りは、職場が直接取り組みやすいテーマです。たとえば、不適合品の削減や品質向上、さらにはコスト削減や生産性向上などの課題は、職場を中心とした具体的な改善活動として小集団による取り組みに適しています。

こうした小集団活動を活性化するためには、いくつかの留意すべきポイントがあります。

■明確な目標設定

チーム全員が共有できる具体的、かつ頑張れば達成可能な目標を設定し、その達成に向けてメンバーの役割分担を明確にします。

■活動の進捗や成果の見える化

定期的なミーティングや情報共有の場を設け、メンバー間のコミュニケーションの活性化を図ります。活動の成果を数値やグラフで示し、達成感を共有することが効果的です。たとえば、チーム内での成功事例を積極的に取り上げ、メンバーの努力を認めて評価とフィードバックを行うことで、活動への意欲を高めることができます。

■リーダーシップの発揮

リーダーはメンバーの意見を尊重し、活動を円滑に進めるためのサポートを行います。また、メンバーが必要な知識やスキルを習得できるよう、教育や研修の機会を提供することも大切です。

■活動を組織全体で支援

経営層からの支援と環境整備も不可欠です。上層部が小集団活動の重要性を理解し、必要な資源や時間を提供することで、メンバーは安心して活動に専念できます。また、活動の成果を組織全体で共有し、他の部門への展開を図ることで全社的な活動の活性化につながります。さらに、PDCAサイクルを回しながら継続的に改善を追求することで、組織全体の生産性や品質の向上が期待できます。

要点BOX
- ●作業改善に小集団活動を活用しよう
- ●小集団活動の活性化にはメンバーやリーダー、上層部など全員参加が求められる

小集団活動を活性化させるポイント

- 具体的で測定可能、達成可能、期限が明確な目標を設定する
- メンバーの意見やアイデアを取り入れる

明確な目標設定

- 進捗状況を定期的に可視化し、メンバーのモチベーションを高める
- 成果を共有することで達成感を共有する

進捗・成果の見える化

小集団活動の活性化

リーダーシップの発揮

- 明確なビジョンの提示、積極的なコミュニケーションの促進
- 信頼関係の構築、メンバーの意見を尊重し能力を引き出す環境づくり

経営層からの支援や活動環境の整備

- 小集団活動を推進し、必要な資源や権限を提供する
- 経営層が積極的に関与し、活動しやすい環境を整備する

62 品質は工程でつくり込む

品質の維持向上に欠かせない

トヨタ生産方式における品質保証の基本的な考え方である「品質は工程でつくり込む」とは、製品の品質を最終検査で保証するのではなく、各生産工程が必要な品質を確保する仕組みを持つべきというものです。つまり、品質の確保は各工程に責任があるという考え方です。

■**自働化**

この考え方に基づく具体的な実践の一つが「自働化」です。これにより、不良品が次工程に流れないようにし、発生した問題を早期に解決することをめざします。自働化の詳細については3項、問題解決については57項を参照してください。

■**後工程はお客様**

また、トヨタ生産方式では「後工程はお客様」という考え方があります。これは、各工程が次工程に対して品質の良い製品を渡すことを意識し、後工程を自分のお客様としてとらえるものです。すなわち、各工程で品質保証を徹底し、お客様である後工程に不適合品を流さないようにします。この考え方は「自工程完結」とも呼ばれ、直接部門だけでなく全社のスタッフ部門の業務にも展開されています。

■**標準作業**

次に、品質保証を強化するための「標準作業」が挙げられます。標準作業とは、作業手順や方法を標準化し、誰が作業しても同じ品質の製品がつくれるようにするための手段です。標準作業の詳細は第6章を参照してください。

■**継続的な品質向上**

このように「品質は工程でつくり込む」とは、検査に頼らず各生産プロセスに責任を持たせることで、ムダや手直しを減らし、効率的で高品質な生産を実現することをめざします。この考え方により、現場での問題解決と改善の文化が強化され、持続的な品質向上が可能になるのです。

要点BOX
- ●ラインを止めたら原因追究と対策を実施する
- ●標準作業により誰でも同じ品質を確保する
- ●検査に頼らないプロセスを確立する

品質を工程でつくり込むためには

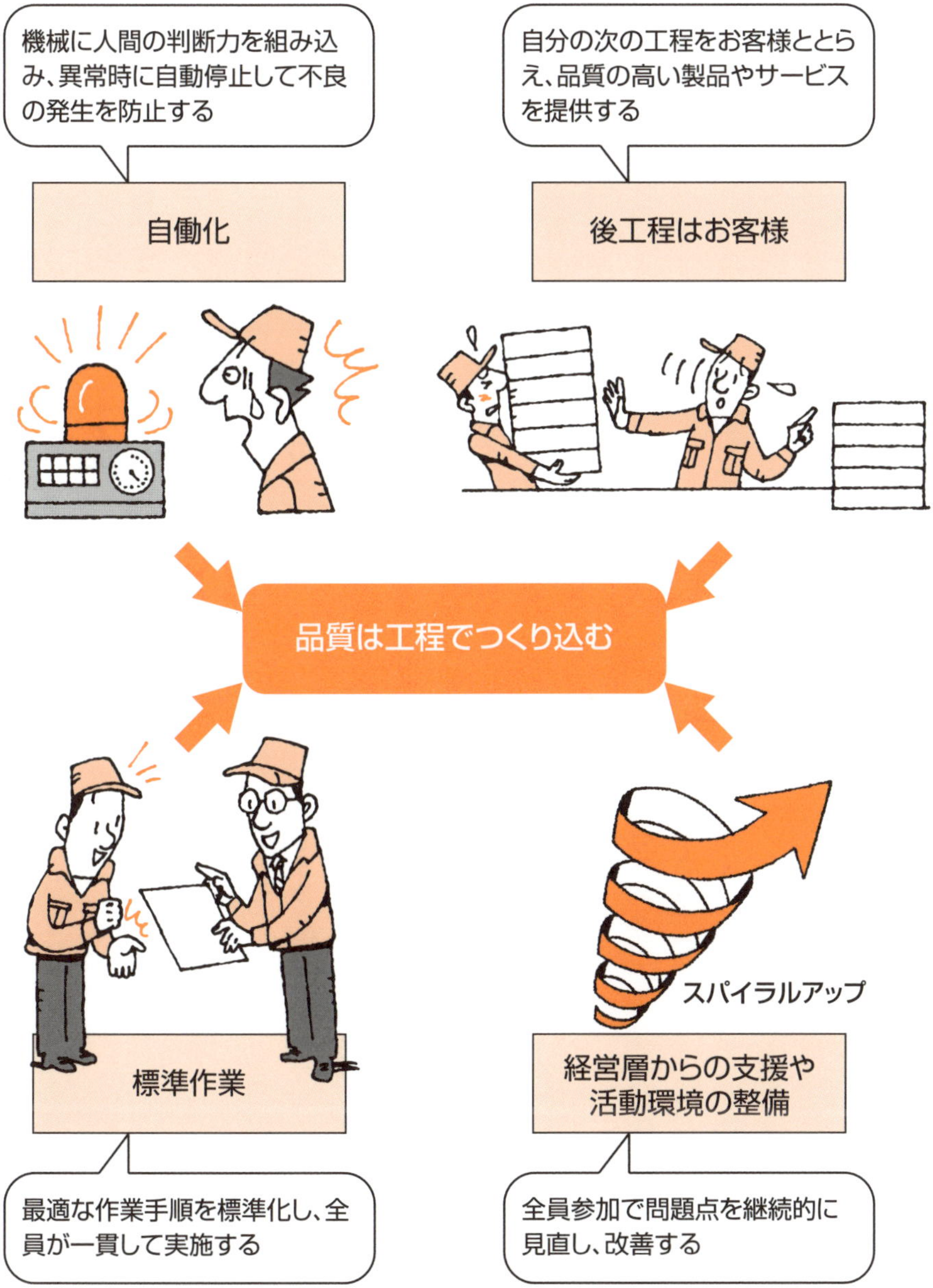
機械に人間の判断力を組み込み、異常時に自動停止して不良の発生を防止する
自働化
自分の次の工程をお客様ととらえ、品質の高い製品やサービスを提供する
後工程はお客様
品質は工程でつくり込む
標準作業
最適な作業手順を標準化し、全員が一貫して実施する
スパイラルアップ
経営層からの支援や活動環境の整備
全員参加で問題点を継続的に見直し、改善する

63 検査に頼らない品質管理

検査は、製品やプロセスの品質を確保するために重要です。「受入検査」は外部から調達した原材料や部品の品質を確認し、不適合品の生産工程への流入を防ぎます。「工程内検査」は、各生産段階で問題を早期に発見し、対策を講じるためのものです。「最終検査」または「出荷検査」は、完成品を顧客に出荷する前に品質を確認し、不適合品の流出を防ぎます。

検査方法には、「全数検査」と「抜取検査」があります。全数検査は高い信頼性が必要な場合に適用される一方で、抜取検査は大量生産時に一部のサンプルを検査して全体の品質を推定する方法です。

しかし、品質を保証するためには検査そのものではなく、製造プロセスを改善し、検査に依存しない品質保証体制を構築することが重要です。それでは、どのようにして検査に依存しない品質保証体制にすればいいか考えることにしましょう。

■全数検査から抜取検査への移行

プロセスの標準化を徹底し、作業手順や設備条件、使用材料を明確に規定します。これによりプロセスのバラツキを減らし、抜取検査で工程の安定を確認します。リアルタイムのデータ監視や異常発生時の迅速な対応、ポカヨケの導入によりヒューマンエラーを防止します。また、設備の日常保全や予防保全を強化し、従業員の教育訓練により品質意識を高めることで抜取検査への移行を可能にします。

■抜取検査から無検査への移行

さらに高度な品質保証体制をめざすには、検査に頼らず「工程で品質をつくり込む」ことをもう一段徹底することが求められます。詳細は61項をご参照ください。また、サプライヤーとの品質改善活動や全従業員が品質向上に取り組む企業文化の醸成も重要です。これらの取り組みを通じて、検査に依存しない品質保証体制を構築することを志向します。

検査のレベルアップ

要点BOX

- 検査には受入、工程内、最終の検査がある
- 工程で品質をつくり込む改善により検査に頼らないモノづくりをめざす

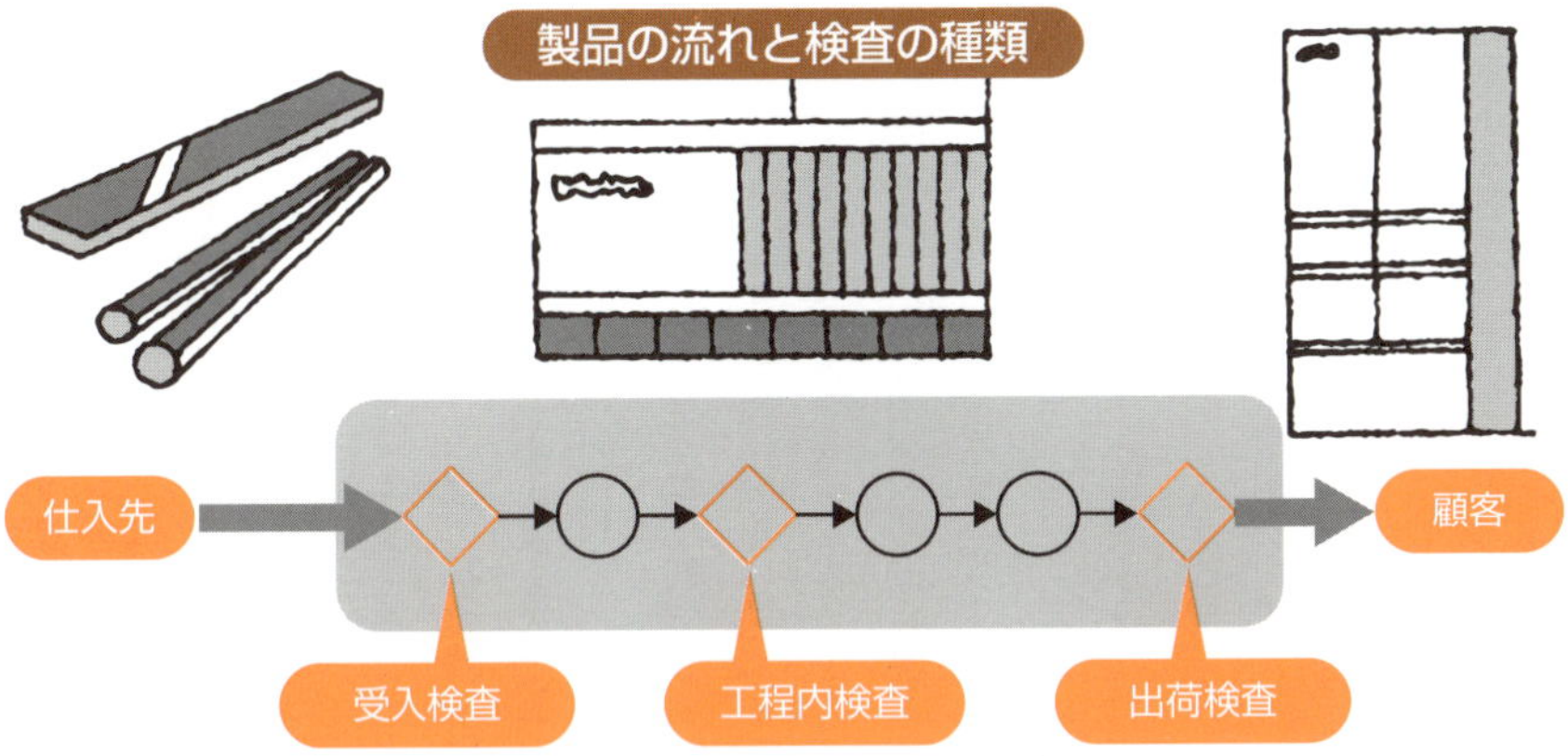

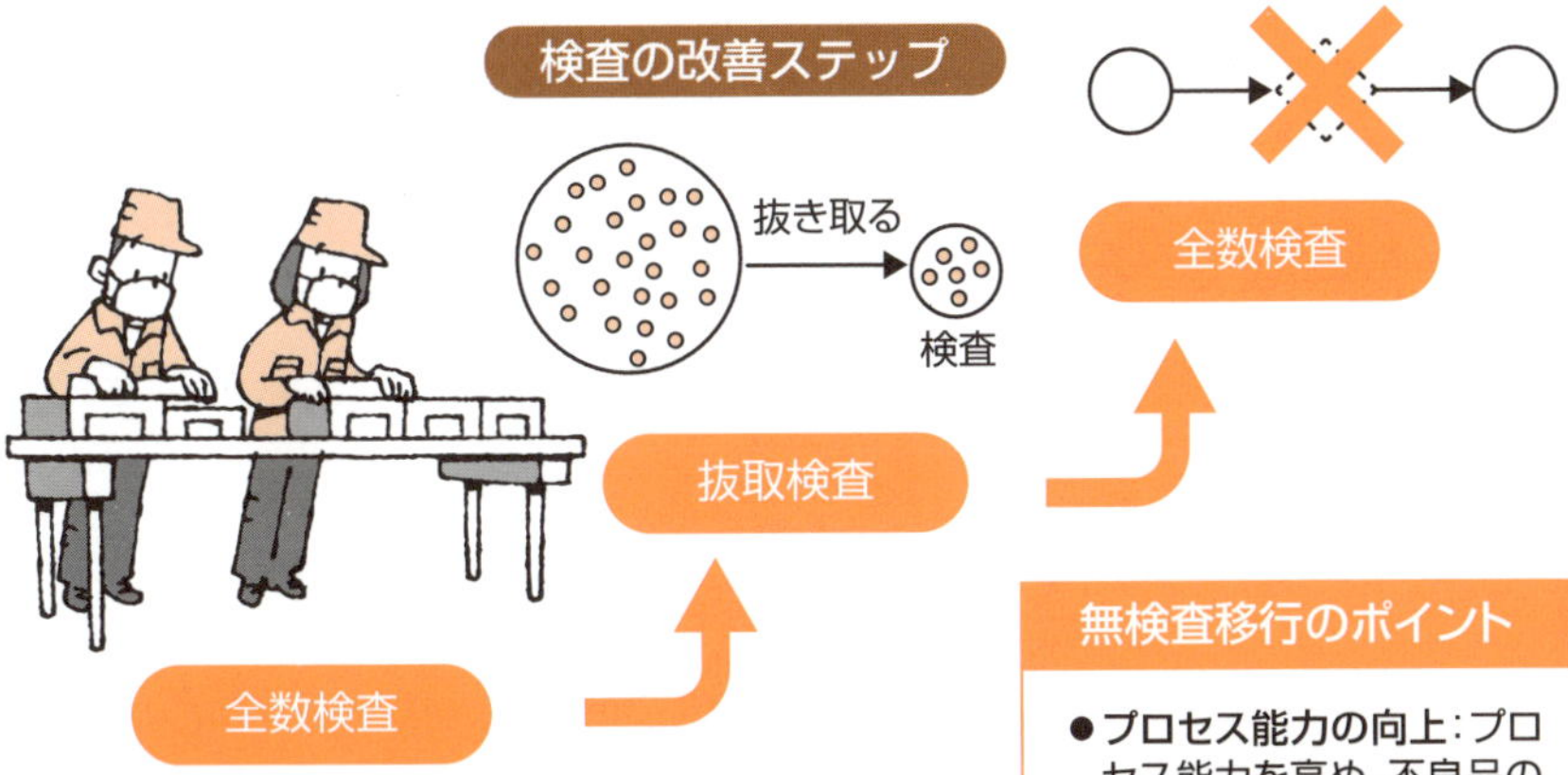

抜取検査移行のポイント

- **プロセス能力の評価**：製造プロセスが安定し規格を満たす能力があるかを統計的に分析します
- **統計的品質管理の導入**：製造プロセスの変動や傾向を監視・管理します
- **リアルタイムモニタリング**：工程の状態をリアルタイムで監視し、異常が発生した場合に即時対応できる体制を整えます
- **スタッフの教育・訓練**：抜取検査や統計的手法に関する知識を従業員に教育し、適切な検査が行えるようにします
- **ヒューマンエラー防止**：生産工程にポカヨケを導入し、人為的ミスを防止します
- **法規制や業界標準への適合**：業界の標準や法的規制に適合した検査方法であることを確認します

無検査移行のポイント

- **プロセス能力の向上**：プロセス能力を高め、不良品の発生率を極限まで低減し、管理図などで工程が安定していることを監視します
- **標準作業手順の徹底**：作業手順を漂準化し、全従業員が一貫して正確に作業を行えるようにします
- **継続的な改善活動**：PDCAサイクルを活用し、工程の改善を継続的に行います
- **サプライヤー品質管理の強化**：原材料や部品の品質を保証するため、サプライヤーとの連携と管理を強化します

64 ポカヨケによるヒューマンエラー対策

有効に活用して歯止めをかける

製造業のヒューマンエラーとは、作業者が行うミスや誤りのことで、製品の品質低下や不適合品の発生、生産効率の低下や不慮の事故などに直結します。

■製造業で発生するヒューマンエラーの問題

具体的な品質問題では、組立工程で誤った部品の組み付け、加工工程で機械に誤った設定値の入力により不適合品を生産してしまうことがあります。また、検査工程の作業者が不適合品を見落とし、クレームが発生する例も見られます。

■ポカヨケによるヒューマンエラー対策

これらのヒューマンエラーを防ぐためには、作業手順の標準化や簡素化、作業者への適切な教育訓練、作業環境の改善などが重要です。ただし、それでもミスは発生するため、最新のセンサー技術や画像処理、デジタル技術を活用したポカヨケの導入によるヒューマンエラー対策を検討します。

たとえば、組立工程で誤った部品を取り付けるミスに対しては、画像処理とAＩを組み合わせた監視システムを導入します。カメラで作業を撮影し、AＩが正しい組立手順と比較することで、誤組立が発生した瞬間にアラートを出します。

機械の設定値入力ミスには、デジタル技術を活用した自動設定システムが有効です。機械側でも生産計画データを共有し、設定値を自動的に入力・更新することで人為的な入力ミスを排除します。もし設定値が間違いの場合には、システムが自動的に機械を停止し、作業者に通知します。

検査工程での不適合品の見落としでは、高精度な画像処理技術とAＩを活用した自動検査システムを導入します。カメラで製品を撮影し、AＩが過去データと比較して微細な不適合品も検出します。

これらの最新技術を活用したポカヨケは、ヒューマンエラーを大幅に削減するだけでなく、データの蓄積と分析による継続的な改善にも寄与します。

要点BOX
- 製造業のヒューマンエラーは多岐にわたる
- センサーや画像処理装置などを活用したポカヨケで精度向上

製造業のヒューマンエラー

ポカヨケの例

トラブル実態		不具合事象	装置	働き	警報・合図
自主検査・順次点検	異品・欠品	類似部品が組み付けられた欠品がある	マジックチェック	部品にマジックで印をつける	—
			シャドーマスク	部品に当てがって確認	
			チェックシート	記入または消し込み	
			部品ラック、供給棚	ロケーション看板・赤ラインで確認	
	逆取り付け、位置ずれ	部品が左右にあるいは表裏反対に取り付けられた	ピン・ブロック	ワークの形状や寸法の差異を利用	取り付かない
			専用治具		
			センサー	異常時検知	ランプ点灯またはブザー
	未加工 部品付け忘れ	加工工程が1つ抜けてしまうときがあった 異部品を加工してしまうことがあった	リミットスイッチ	接触させ動作または部品の確認	スタートしない、自動停止またはランプ点灯、ブザー
			マイクロスイッチ		
			近接スイッチ	距離の変化で部品の確認	
			光電スイッチ	光を遮断し、部品の確認	
			光電管		
	作業手順ミス	手順ミスがあった	リミットスイッチ	各リミットが手順通り作動	クランプが外れない
	定数検出	員数の過不足があった	定(員)数箱	残数の差異で確認	—
			カウンターリレー	点数のカウント	ランプ点灯またはブザー
			光電スイッチ、 リミットスイッチ	部品の確認	ランプ点灯またはブザー、スタートしない
作業ミス	条件管理不履行	勘による作業のため成形品質がばらついた	光電管	温度→ストロークに転換	スタートしない
			センサー	温度、位置、圧力センサーで対応	
	部品の過不足	員数の過不足があった	プリセットカウンター	カウントし規定数になれば作業停止	完了ランプ点灯
設備	水・油不足	点検漏れが発生した	センサー	異常時感知	ランプ点灯またはブザー
	型破損	セット不良による型破損があった	リミットスイッチ	ワークセットで感知	ランプ点灯 スタートしない

岡田貞夫『製造コスト削減マニュアル』(PHP研究所、p249)より

65 アイデア発想

多角的に集団の知恵を生かす

改善のアイデアを得るためには、さまざまな方法を活用して多角的な視点から考えることが重要です。まず、多くのアイデアを出すための留意点として、自由な発想を促進し、批判を控えることが挙げられます。初期段階では質より量を重視し、思いついたことを出し合うことで革新的なアイデアが生まれやすくなります。以下に、アイデアを出す場合の手法の中でも有用なものを列挙しました。

■ＫＪ法

多様な意見やデータをカードに書き出し、それらを類似性や関連性に基づいてグループ化します。これにより、隠れたパターンや問題の本質を発見し、新たな解決策を導き出すことが可能です。グループ化した情報を図解することで、全体像の把握が容易になります。

■ブレーンストーミング

チームで集まり、特定のテーマについてアイデアを出し合います。一般に集団で考えると、一人の場合よりもはるかに多くのアイデアを出すことができます。この際、他人の意見を否定せず、奇抜な発想も歓迎するとよいでしょう。また、他者のアイデアに便乗して違う考えを生み出すことも推奨されます。

■オズボーン法

これは、「転用できないか」「応用できないか」「変更できないか」など、一連の質問を自らに投げかけることで新たな視点を得る方法です。このチェックリストを活用することで、既存のアイデアや製品に対して多角的な改良点を見つけることが容易にできます。

これらの方法を効果的に活用するためには、チーム内のコミュニケーションを円滑にし、全員が意見を出しやすい環境を整えることが重要です。また、出されたアイデアを記録して後で検討・評価することで、実現可能な改善策を見つけることができます。

要点BOX

- ●KJ法はカードを使用し同系列の情報を整理
- ●ブレーンストーミングは他人のアイデアに便乗
- ●ECRSも改善発想を促す切り口に

KJ法のイメージ

ブレーンストーミング

- ●メンバーは5～10人前後が一番よい
- ●テーマはあらかじめみんなに知らせておく
- ●メンバーの中からリーダー（司会者）と記録係を選ぶ。記録係はリーダーが兼ねてもよい
- ●メンバーは壁面に貼った紙に向ってコの字型に座る
- ●リーダーは、固苦しい思いをさせない自由な雰囲気にする。原則として発言しないが、アイデアがストップしたときには、誘い水として2～3は出す、発言しない人には指名する。4つの原則を守らなかったら注意する
- ●大きな模造紙を数枚、マジックインキ（黒･赤）を数本用意する。模造紙をみんなのよく見えるところに貼って、出てきたアイデアをマジックインキで書き出していく

オズボーン法

アイデアを生む切り口	内容
転用	他の使い道はないか?
応用	他に似たものはないか?
変更	色や形を変えてみたら?
拡大	大きく強くしてみたら?
縮小	もっと小さくしてみたら?
代用	他の人やモノにしてみたら?
置換	アレンジし直したら?
逆転	反対や左右逆にしてみたら?
結合	複数のものを合体させてみたら?

Column

TQMの発展と今後の課題

戦後、日本はアメリカから品質管理（QC）を導入しました。当初は、製品の品質を検査で確保する方法でしたが、品質そのものをつくり込む「品質管理」の文化を築きました。そして、データを活用して品質を改善する「統計的品質管理（SQC）」が取り入れられ、品質管理はより科学的で客観的な手法へと進化しました。

次に、「全社的品質管理（TQC）」の時代が到来します。これは、品質管理を製造部門だけでなく、営業や開発、経営層まで含めた全社的な取り組みとするものです。組織全体で品質向上に努めた結果、日本製品の信頼性は世界的に高まりました。

現在は「総合的品質経営（TQM）」へと進化しています。TQMでは、品質だけでなく顧客満足や環境への配慮、社会的責任など、企業活動全体を包括的にとらえています。これは企業が持続可能な成長をめざす上で不可欠なアプローチです。

今後の課題として、グローバル化に伴い、多様な市場ニーズや文化的背景に対応することが必要です。また、AIやIoTなどの新技術を品質管理にどう活用するかも重要です。さらに、環境問題やSDGsへの対応も求められており、企業は社会的責任を果たしつつ品質を継続的に維持・向上していかなければなりません。

これらの課題に対し、柔軟な発想と継続的な改善が求められます。日本がこれまで培ってきた経験と知識を活かし、新たな時代に適応した品質管理のあり方の模索が問われているようです。

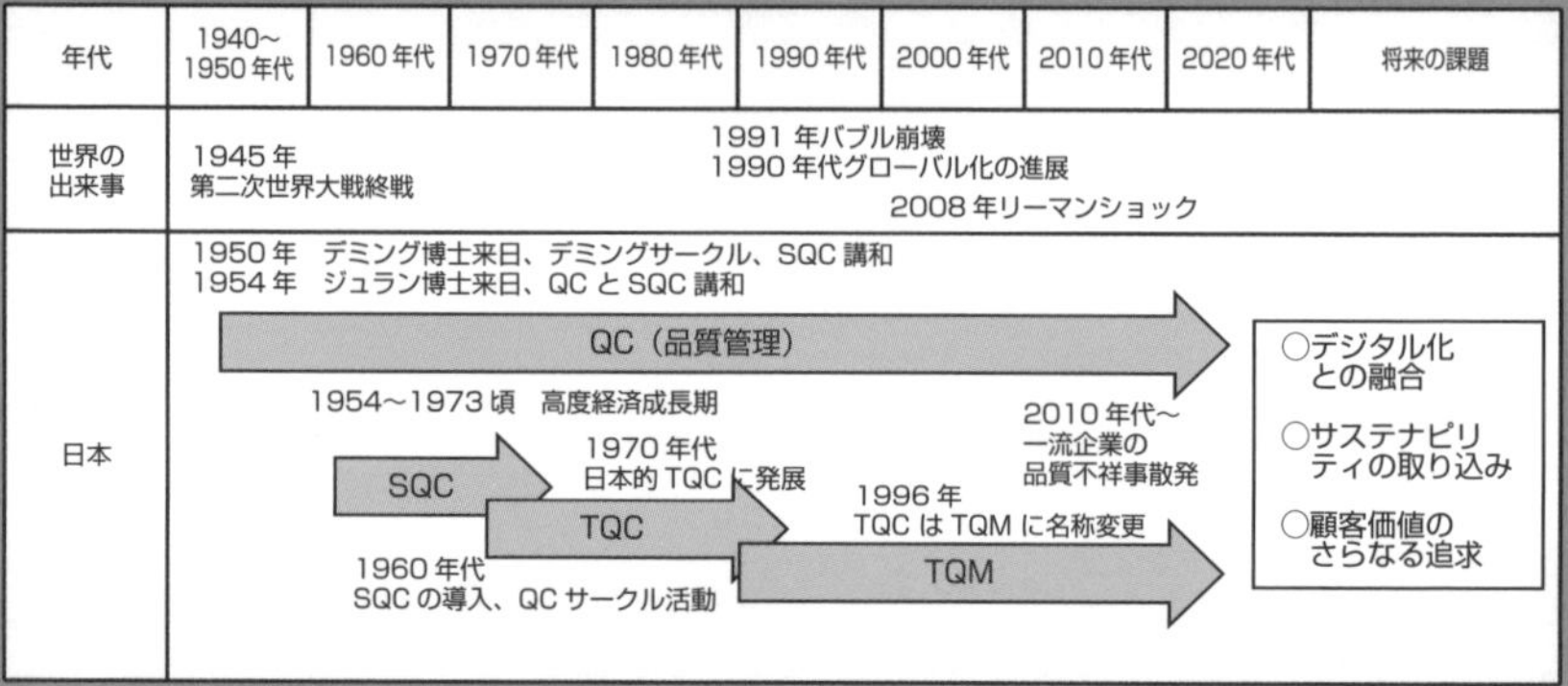

【引用・参考文献】

・「大野耐一の改善魂」、日刊工業新聞社編、日刊工業新聞社、２００５年
・「大野耐一の現場経営（新装版）」、大野耐一、日本能率協会マネジメントセンター、２００１年
・「現場の管理と改善講座⑫ 作業改善」、澤田善次郎監修　名古屋ＱＳ研究会編、日本規格協会、２００４年
・「実践 現場の管理と改善講座３　目で見る管理」、澤田善次郎監修　名古屋ＱＳ研究会編、日本規格協会、１９９３年
・「よくわかるＩＥ七つ道具の本」、藤井春雄、日刊工業新聞社、２０１１年
・「よくわかるジャスト・イン・タイムの本」、藤井春雄、日刊工業新聞社、２００９年
・「コストダウンと現場改善」、岡田貞夫、シグマ出版、１９９３年
・「製造コスト削減マニュアル」、岡田貞夫、ＰＨＰ研究所、１９９５年
・「トコトンやさしいトヨタ生産方式の本」、トヨタ生産方式を考える会編、日刊工業新聞社、２００４年
・「『工場管理』２０１５年12月臨時増刊号　トコトンやさしいアイデア発想法21事例」、実践マネジメント研究会編、日刊工業新聞社、２０１５年
・「新トヨタシステム」、門田安弘、講談社、１９９１年
・「生産管理　理論と実践11　トヨタ生産方式」、日本生産管理学会編、日刊工業新聞社、１９９６年

索引

今日からモノ知りシリーズ
トコトンやさしい
作業改善の本 新版

NDC 509.6

2025年 4月24日　初版1刷発行

発 行 者　井水治博
発 行 所　日刊工業新聞社
東京都中央区日本橋小網町14-1
(郵便番号103-8548)
電話　書籍編集部　03(5644)7490
販売・管理部　03(5644)7403
FAX　03(5644)7400
振替口座　00190-2-186076
URL　https://pub.nikkan.co.jp/
e-mail　info_shuppan@nikkan.tech
印刷・製本　新日本印刷(株)

● DESIGN STAFF
AD ―――――― 志岐滋行
表紙イラスト――― 黒崎　玄
本文イラスト――― 小島サエキチ
ブック・デザイン― 大山陽子
(志岐デザイン事務所)

●
落丁・乱丁本はお取り替えいたします。
2025 Printed in Japan
ISBN　978-4-526-08392-1 C3034

●定価はカバーに表示してあります

●編著者紹介
トヨタ生産方式を考える会

●執筆者一覧
太田 昭男（おおた あきお）
[第1章、第2章、各コラム]
3Cテクノコンサルタント代表、トヨタ自動車OB　中小企業診断士、技術士、ITコーディネータ
主に製造業の工場改善、生産技術・経営管理支援

江口　真（えぐち まこと）
[第3章、コラム]
中小企業診断士、品質管理検定1級、FP1級技能士
QC・問題解決・多変量解析・機械学習ほかTQC・TQM（総合的品質管理）を軸にした実務や支援に従事

藤井 春雄（ふじい はるお）
[はじめに、第4章、第5章、各コラム]
㈱経営技術研究所 代表取締役、中小企業診断士
物流技術管理士、ISO（7部門）審査員補
トヨタ生産方式の国内・海外講演および支援多数

水間 郁夫（みずま いくお）
[第6章、第7章、各コラム]
中小企業診断士、技術士（機械部門）
冷凍・空調製品設計、コールドチェーン事業、新製品開発などの実務や支援に従事

古井　武（ふるい たけし）
[第8章、コラム]
FRIソリューション 代表、中小企業診断士、宅地建物取引士、ISO9001主任審査員
品質・生産管理を中心に現場改善と人材育成ほか

岡田 貞夫（おかだ さだお）
[2004年12月発行初版著者]
岡田技術経営コンサルタント代表
技術士、中小企業診断士、職業訓練指導員

[トヨタ生産方式を考える会] 事務局
㈱経営技術研究所
〒464-0075　名古屋市千種区内山3-11-17　みのかめビル3C
TEL：052-744-0697　FAX：052-744-0698
URL：https://kgk-f.com
e-mail：keieigijyutu@mva.biglobe.ne.jp